Boris Reit-Schuster

Briefe aus einem untergehenden Imperium

Boris Reit-Schuster

*Briefe
aus einem untergehenden
Imperium*

*Für Harald
Fuchs,
mit besten
Dank*

Dietz Verlag Berlin

Reit-Schuster, Boris : Briefe aus einem untergehenden Imperium /
Boris Reit-Schuster. – Berlin : Dietz Verl. GmbH, 1994. – 167 S.

ISBN 3-320-01842-6

© Dietz Verlag Berlin GmbH 1994
Gestaltung: Brigitte Bachmann
Umschlagfoto: Boris Reit-Schuster
Printed in Austria
Satz: TASTOMAT GmbH, Eggersdorf
Druck und Bindearbeit: Druck- und Verlagsgesellschaft
Wiener Verlag GmbH

Für Andrej,
der an der neuen Welt zerbrach,
und Anna,
an der sie spurlos vorüberging.

Vorwort

Es sollte ein objektives Buch werden – es wurde ein engagiertes Buch.
Es sollte ein Buch über Rußland werden – es wurde ein Buch aus Rußland.
Es sollte ein journalistisches Buch werden - es wurde ein sehr persönliches Buch.
Es wird allzuviel Journalistisches und Objektives über Rußland geschrieben. Da werden in Hülle und Fülle Fakten konstatiert, Wahrheiten vermittelt und Analysen gezogen – und im Getöse der Sachlichkeit verstummen die Zwischentöne. Aber gerade diese Zwischentöne machen die „Melodie Rußlands" aus.
Ich versuche, das Erlebte in den Vordergrund zu stellen, die unzähligen Abenteuer und Eigentümlichkeiten des russischen Alltags, die Ausländern zumeist verborgen bleiben und den Russen selbst oft schon gar nicht mehr auffallen.

Mit zwei Koffern, meinen gesamten Ersparnissen und meinen leidlichen Russischkenntnissen kam ich vor vier Jahren in die Sowjetunion. Zuvor kannte ich das Land nur von drei kurzen Reisen. Aus der flüchtigen Bekanntschaft wurde eine dauerhafte Beziehung.
Meine Briefe sind an Matjusik adressiert. Matjusik ist weder ein deutscher noch ein russischer Name, Matjusik ist ..., aber da hätte ich fast vorgegriffen.

1.

August 1990

Matjusik!
Ich bin da, du glaubst es nicht, sitze im Regierungshotel und weiß nicht, wie mir geschieht. Ich schreibe Dir in aller Eile, gleich wird wieder Viktor Pawlowitsch hereinkommen mit einer neuen Flasche Wodka und ein paar neuen Abgeordneten. Matjusik, wüßtest Du, wie mir zumute ist! Kaum angekommen und der Strenge des Zöllners entkommen, hilflos den Taxifahrern ausgeliefert, die wie Aasgeier über ihrer Beute kreisen, einen Wucherpreis bezahlt, und dann ins Regierungshotel zu diesen Deputierten. Mein Gott, sie trinken soviel, Matjusik! Tamara hat für mich noch keine Bleibe gefunden, und so ließ sie mich hier bei Viktor Pawlowitsch: Volksdeputierter, Abgeordneter des Obersten Sowjets und Vizevorsitzender aller möglichen Ausschüsse.
Und da kommt er schon wieder, eine Flasche Wodka in der Hand, nein zwei, ich muß Schluß machen, entschuldige, ich schreibe Dir, sobald ich kann.
     Matjusik, na sdarovje!

2.

August 1990

Matjusik,
mein Kopf dröhnt noch von gestern, die ganze Nacht habe ich kein Auge zugemacht, sie schnarchen zu sehr, die Abgeordneten.
Meine ganzen Schokoladen- und Kaugummivorräte sind schon am ersten Abend verschwunden, so kinderreich sind die Volksvertreter. Heute werden sie kaugummikauend im Obersten Sowjet sitzen, auf den Fernsehschirmen ganz Rußlands wird man sie meine Schokoladenriegel auspacken sehen, und die Zukunft ihres Landes werden sie wieder einmal vertagen. Zu oft forderte Viktor Pawlowitsch eine Zugabe: „Noch einmal 100 Gramm", wo der Gast doch von so weit angereist ist. Ach ja, Gramm! Das heißt nichts anderes als Wodka, den man hierzulande nicht gläßchen-, sondern grammweise zu sich nimmt, von nicht enden wollenden Toasts begleitet. 100 Gramm für die Heimat, 50 Gramm für den Frieden, für die Frauen als solche und für Tamara im besonderen. Ihre Freunde, beteuert Pawlowitsch, sind auch seine Freunde, und er untermauert das dann sogleich mit stolzen 150 Gramm.
Meine schlimmsten Befürchtungen haben sich nicht bewahrheitet, Pawlowitsch hatte es heute früh sehr eilig, das Parlament wartete auf ihn. Er zog davon in seinem viel zu langen Anzug und seiner Baseballmütze mit der Aufschrift „US-Team". Keine Zeit mehr, um auf den neuen Tag anzustoßen!
Und da sitze ich jetzt hier im Regierungshotel, einsam und verlassen inmitten leerer Flaschen. Der Blick auf den Kreml versperrt von allerlei Kästen auf dem Balkon, die wohl nichts anderes als Wodka enthalten. Statt Hochprozentigem gab es zum Ausnüchtern einen Anruf bei der Botschaft: Spätestens, als die eiskalte Vermittlungsstimme ertönte, bereute ich jedes Gramm von gestern. Aber der Amtsschimmel konnte mich

nicht aus dem Gleichgewicht bringen. Zu fest sitze ich in
Pawlowitschs Sessel.
Genug gesessen, Matjusik, ich muß hinunter in die Stadt, es
zieht mich hinaus ins Leben. Mach's gut!

3.

August 1990

Matjusik, mein guter Matjusik,
eine Ewigkeit ist vergangen seit meinem letzten Brief. Drei
Tage ist es her, drei Tage und eine Ewigkeit.
Kaum bin ich ein paar Schritte weg vom Hotel, da steht sie
vor mir, und ehe ich mich versehe, spricht sie schon mit mir.
Ja, sie ist es, Ala! Damals in Tiflis war ich nicht einmal dazu
gekommen, sie nach ihrer Telefonnummer zu fragen: In
einem Schwefelbad hatten wir uns kennengelernt - nein, wo
denkst du hin, Matjusik, nur im Wartesaal natürlich. Wir spra-
chen über das Wetter und die anregende Wirkung von
Schwefelbädern. Bis die krakelende Stimme der Aufseherin
unserem Plausch ein abruptes Ende machte: „Der nächste
ins Bad! Aber ein bißchen plötzlich!" Da verloren wir uns aus
den Augen.
Und nun sitze ich auf einmal mit ihr in einem Café, fünf
Meter hoch über dem Puschkin-Boulevard und starre ungläubig in ihre schwarzen Augen. Unten das verrückte Treiben
der Stadt und hier oben wir beide. Du wirst es mir nicht glauben, Matjusik, ja ich glaube es selbst nicht.
Dann setze ich sie in ein Taxi, bis morgen, das Versäumnis
von Tiflis nachgeholt, zurück ins Hotel, meine Sachen in
aller Eile zusammengepackt, ehe Viktor Pawlowitsch mit
einer neuen Flasche kommt. Eilig verabschiede ich mich
von ihm und fahre zum Kasaner Bahnhof: nach Ljuberzy,
der berüchtigten Trabantenstadt, meinem neuen Zuhause.

Die Kerasows warten bereits auf mich, den ausländischen Gast, Tamaras Freund. Man konnte nicht anders, man nahm mich auf, erleichtert, daß ich als Vegetarier mit den ohnehin allzu knappen Fleischrationen nichts anzufangen weiß und auch nicht auf des Katers Fisch prätendiere. Vom ersten Tag an gehöre ich zur Familie. Man scheint hier Gäste gewöhnt zu sein und macht ihretwegen kein sonderliches Aufheben. Sie sind einfach da, und man ist – trotz allem – froh, daß sie da sind.
Und so war Sascha Kerasow auch kein bißchen böse, als ich gleich am zweiten Tag erst mitten in der Nacht nach Hause kam. Verflucht sei es, daß ich überhaupt zurückgekommen bin! Ja, Du ahnst es schon, Matjusik, es hat mit ihr zu tun. Über eine Stunde ließ sie mich vor dem Praga warten, die Türsteher machten sich schon lustig über mich. Doch ihr Hohn wurde zum blanken Neid, als sie endlich erschien in ihrem Jeansanzug. Mein Gott, wie schön ist sie! Das ganze Praga gehörte uns beiden. Für ein kleines Trinkgeld bekamen wir einen Saal ganz für uns alleine. Da war der Balkon, der verwaiste Sommergarten: Nach Herzenslust spuckten wir auf den Arbat, auf die Tische der Matrjoschkaverkäufer und Spekulanten, nur die Fußgänger schonten wir. Dann machten wir uns auf in die Stadt, wie im Rausch eroberten wir ganz Moskau, seine Parks und seine Hinterhöfe.
Matjusik, ich hasse diese Stadt, hasse sie, weil du hier nirgends ein Zimmer findest und um nichts in der Welt in ein Hotel kommst! Mitten in der Nacht mußte ich zurück nach Ljuberzy, ohne sie, allein, und auch meine geliebte Tifliser Mütze war weg, mein treuer Gefährte, liegengeblieben in irgendeinem Hinterhof. Matjusik!
Und da saß dann Sascha Kerasow in der Küche und lächelte verschmitzt. Was hätte er gesagt, wenn ich nicht alleine zurückgekommen wäre? Zum Teufel mit dieser Feigheit, die sich Anstand nennt.
Aber ich schreibe Dir schon viel zu lange, Matjusik, ich muß sie jetzt anrufen, und das ist gar nicht so einfach. Die Kera-

sows haben kein Telefon, und du mußt das halbe Viertel absuchen, ehe du in Ljuberzy eine nicht zertrümmerte Telefonzelle findest.
Mach's gut, Matjusik, und sei mir nicht böse!

4.

September 1990

Matjusik,
ich bin am Boden zerstört. All die Pläne, all die Hoffnungen, verflogen im Moskauer Nebel. Sie ist weg! Verschwunden! Nicht da! Ich laufe ganz Ljuberzy ab auf der Suche nach einer intakten Telefonzelle, aber da ist niemand. Ich fahre in die Stadt in der törichten Hoffnung, daß sie mir ein zweites Mal in die Arme läuft. Verflucht! Sie ist weg, und ich habe nicht einmal ihre Adresse! Matjusik, wüßtest Du, was ich verliere, was ich vielleicht schon verloren habe!
Aber wozu soll ich Dir all meinen Kummer ausschütten, noch dazu aus der Ferne.
Du fragst nach dem Stand der Dinge? Sie stehen schlecht, mein Guter! Das Studium? Es geht alles mit einer Langsamkeit voran, die Du Dir gar nicht ausmalen kannst, ja, eigentlich geht es überhaupt nicht voran. Jede Woche wird alles von neuem verschoben, und ich fürchte, dieses Semester wird es überhaupt nichts mehr. Obwohl das Semester doch noch drei Monate dauert. Die Frau, mit der ich zu tun habe, hat den Charme einer Kellerassel (die Beste möge es mir verzeihen, aber es ist nun einmal wahr!). Die in siebzig Jahren unterdrückte Geschäftstüchtigkeit eines ganzen Landes scheint sich in ihr wiedergefunden zu haben: Klara Romanowna. Sie dürfte um die 50 sein, ist klein, untersetzt und ungeheuer energisch. Ihr Stoppelhaarschnitt gibt ihr auch äußerlich etwas sehr Resolutes. Ihre geschmackvollen Farbkombinationen, allen voran rosa mit türkisblauen und giftgrün mit

violett, verleihen ihr ein überaus dezentes Erscheinungsbild.
Jedesmal, wenn das Wort „Dollar" erklingt, geht ein wollüstiger Ruck durch Klaras Körper. Als Treffpunkte wählt sie so seriöse Orte wie das Treppenhaus des Zentralpostamtes oder die Unterführungen in der Metro. Ebenso rätselhaft ist ihre wahre Herkunft: Sie muß etwas mit der ökonomischen Hochschule zu tun haben, mit dem Puschkin-Institut und mit einem Joint-Venture. Das „Staatsbildungskomitee der UdSSR" hat mich an sie verwiesen, man nennt Klara Romanowna dort eine „billige Alternative":
Es war wohl wirklich ein dreistes Unterfangen, einfach aufs Geratewohl nach Moskau zu kommen. Ich war überzeugt, gut genug russisch zu können und voller Hoffnung. Aber mein Wissen interessierte die Herrn aus dem Staatsbildungskomitee gar nicht! Um so regeres Interesse zeigten sie für meinen Geldbeutel. Und der läßt es nicht zu, als „ordentlicher" Student eingeschrieben zu werden: Seit einigen Monaten verlangt man horrende Studiengebühren von Ausländern. Und so bleibt mir nur die „billige Alternative" Klara Romanowna mit ihrem sonderbaren „Lehrzentrum". Und das laue Gefühl, daß mein „Studium" hier eine abenteuerliche Angelegenheit wird. Wenn es denn jemals beginnt!
Ich bleibe vorerst in Ljuberzy, die Kerasows wollen mir die Wohnungssuche ausreden. Und wozu auch wegziehen, jetzt, da Ala verschwunden ist. Sie scheinen sich wirklich an mich gewöhnt zu haben, Sascha, Shenja und die Oma, nur Spartakus, der Kater, beäugt mich immer noch mit unverhohlenem Mißtrauen. Meine verkratzten Hände zeugen davon, daß er seinen Namen nicht zu Unrecht trägt.
Laß es Dir gut gehen, auf daß Dich das Schicksal von ähnlichen Schlägen verschont!

5.

Oktober 1990

Matjusik,
ich schreibe dir aus Rybniza, aus Moldawien, wo ich die letzten Sonnenstrahlen vor dem Moskauer Winter aufzehre. Das Studium hat immer noch nicht angefangen, Klara Romanownas Suche nach einem passenden Lehrer ist bis jetzt erfolglos geblieben, und wir streiten immer noch über das Finanzielle. Ich bestehe auf „halbtags", wovon die „billige Alternative" nicht begeistert ist - sie sieht wohl ihre Provision schwinden. Dabei wollte ich doch nur in aller Ruhe studieren, statt mit Stundenzahlen, Dollars und all dergleichem zu jonglieren. Ist es da wirklich so schlimm, wenn sich das Ganze hinauszögert?
Rybniza! Unter hundert sowjetischen Städten erkennst du es sofort am Geruch. Eine beißende Dunstglocke liegt bei Windstille über der Stadt, die Augen werden feucht und das Atmen fällt schwer. Die Bewohner scheint das nicht sonderlich zu stören: Als das örtliche Stahlwerk „Metallurg" vor kurzem seine ersten Devisen verdient hatte, kaufte man nicht etwa Filteranlagen, nein, man ließ auch keine Erholungsheime für die leid- und smoggeplagten „Metallurgen" errichten: Für das gesamte Geld orderte man französische Luxuslimousinen, mit denen jetzt die Vorstandsschaft durch die stinkende Stadt kutschiert wird. Und die Städter freuen sich auch noch, daß man nun endlich selbst über die Gewinne verfügen darf: im Zeichen der Perestroika. Sie sind ja auch so hübsch, diese französischen Autos!
Tamara hat Geburtstag, die Vorbereitungen laufen auf höchsten Touren. Die ganze Familie ist auf der Jagd nach Lebensmitteln. Fleisch, Wurst, Fisch, Gemüse und Wodka, alles will gefunden und sodann in stundenlangem Schlangestehen „erstanden" werden. Erstanden! Endlich verstehe ich den wahren Hintergrund dieses Wortes.
Eine Alternative sind die Hintereingänge der Geschäfte: Mit

den nötigen Beziehungen kann man hier schneller fündig werden. Zum dreifachen Preis bekommt man all das, was erst gar nicht auf die Ladentische gelangt.
Die vielversprechenden Namen der „Magazine", wie man Geschäfte hierzulande nennt, erweisen sich als blanker Hohn: Das „Milchmagazin" ist der Laden, in dem es keine Milch gibt, im Gegensatz zum „Weinmagazin", in dem es keinen Wein gibt. Der Schriftzug „Bücher" prahlt in großen Lettern über dem Geschäft, in dem du das Buch, das du suchst, mit Sicherheit nicht findest.
Du kannst Dir gar nicht vorstellen, Matjusik, wie glücklich du bist, wenn du nach drei Tagen endlich wieder irgendwo – mit Sicherheit nicht im Milchladen – Milch erstanden hast! Zumal, wenn dich ein so unruhiger Magen wie der meine plagt.
Spricht man von teuer oder billig, so meint man hierzulande nicht etwa den Preis einer Ware, nein, viel wichtiger ist, wie lange man für sie in der „Otscherid" zu stehen hat, in der Warteschlange. Teuer ist Wodka mit bis zu vier Stunden (und oft noch einem blauen Auge obendrein), billig zu haben ist Brot mit einer halben und Grünkohl mit einer geschlagenen Stunde. Extrem teuer sind Autos mit bis zu fünfzehn und Wohnungen mit über zwanzig Jahren. Dafür ist bei letzteren die Gefahr geringer, daß die begehrte Ware ausgeht, kurz bevor man an die Reihe gekommen wäre. Gut Ding will Weile haben, Zeit ist der alles entscheidende Faktor. Und sie scheint reichlich vorhanden zu sein.
Trotz all der Unwägbarkeiten läßt sich niemand aus der Fassung bringen, ja Tamara ist die Ruhe selbst: „Wenn der große Tisch nicht durch die Wohnzimmertür paßt, dann, nun ..., dann schauen wir eben morgen weiter."
Dann ist es soweit, mit vereinten Kräften haben wir den Tisch zur Vernunft – will sagen ins Wohnzimmer gebracht, die Wohnung platzt aus allen Nähten. Halb Rybniza ist gekommen, Freunde, Kollegen und die gesamte Verwandtschaft. Die Frauen ziehen sich zum „Damenschwatz" zurück,

und die Männer können sich endlich ihrer Lieblingsbeschäftigung widmen, dem „Gramm-Zählen": „Noch einmal 100 Gramm auf Tamara!" „Na sdarovje!"
Der vollgedeckte Tisch steht im krassen Gegensatz zu der gähnenden Leere in den Geschäften. Vielleicht ist es doch kein Scherz, wenn Tamara sagt, die Russen decken ihren Tisch oft nur deshalb so überaus reichlich, weil sie keine saubere Tischdecke mehr haben.
Die ständig rumorende Mattscheibe läßt jeglichen Gedanken an ein normales Gespräch im Keim ersticken: Gebannt folgt man allem, was über den Bildschirm flattert. Schweigend kaue ich meine „Blini" – Eierkuchen!
Doch bald kommt wieder Leben in die Runde, der Tisch wird zur Seite gerückt, er hat dem Tanzbein zu weichen. Als wir dann auch noch lauthals singen, wittere ich – der Deutsche in mir kommt zum Vorschein – Unheil in der Luft. Und tatsächlich, ein stürmisches Läuten – der Nachbar! Aber statt der erwarteten Schimpfkanonaden hat er seine Ziehharmonika parat und stimmt lautstark ein. Das Wodkaglaß wird zur Seite gestellt, die Kinder dürfen heute länger aufbleiben, und das ganze Haus hört mit. Als sich auch um zwei Uhr noch niemand beschwert hat, bin ich mir endgültig sicher, daß es mir gefällt in diesem Land. Ja, es ist schön hier.
Auch der längste Abend hat einmal ein Ende, gegen drei ging der Nachbar als letzter nach Hause. Es geht mir jetzt ein wenig besser, nach einer kalten Dusche und einem halben Dutzend Essiggurken. Sie sagen, ich sei erst um halb fünf aufgestanden, aber das kann nicht sein.
Morgen fahre ich zurück nach Moskau, endgültig dem Winter entgegen. Unter den letzten Sonnenstrahlen grüßt dich Dein B.

6.

November 1990

Matjusik,
ich hatte schon nicht mehr daran geglaubt: Ich habe tatsächlich meine erste Stunde bekommen. Es war ein zähes Ringen mit Klara Romanowna, unzählige neue Treffen in der Metro, und um ein Haar wären wir im Zorn voneinander geschieden: Ich habe ihr von meiner Moldawien-Fahrt erzählt. Wie ein Panther wäre sie wohl auf mich los gesprungen, hätten wir uns nicht an einem so öffentlichen Platz wie der Eingangshalle zum GUM-Kaufhaus befunden. Was mir einfalle, herumzureisen, wo ich doch nur ein Visum für Moskau habe. Erst, als ich ihr vor Augen hielt, welche Einnahmen ihr ohne mich entgehen würden, beruhigte sich die „billige Alternative" wieder. Nicht ohne einen ordentlichen Aufschlag gefordert zu haben.
Und so ungefährlich war die Reise gar nicht. Es war auf der Rückfahrt, Tamara verabschiedete mich mit der ganzen Familie auf dem Bahnsteig. Ich bekam mein Abteil zugewiesen – ein herzerweichender Anblick: Von den drei Reisegefährten in spe waren zwei bereits jenseits von Gut und Böse, der dritte – eine Flasche Wodka in der Hand – zielstrebig auf dem Weg dorthin. Die Duftnote im Abteil ist auch mit den Worten „Schweiß, Speck und Selbstgebranntes" nicht in ihrer ganzen Vielfalt erfaßt. Tamara platzte der Kragen: Mich als Ausländer, meinte sie heftig, solle man doch in ein anderes Abteil einweisen. Die Schaffnerin, die bis dahin gar nicht zugehört hatte, nahm sich unser an, sobald das Wort „Ausländer" gefallen war. Ihre Augen blitzten auf, sie musterte mich mißtrauisch, ihr Blick ließ nichts Gutes erwarten.
Warum ich kein Ausländerticket habe, donnerte sie mit einem Mal, und ob denn mein Visum überhaupt für Moldawien gelte?
Matjusik, die Frau gefiel mir nicht! Ich suchte noch nach einer Antwort, als mir Tamaras Mann zur Seite sprang: „Er

ist doch ein Balte", entgegnete er geistesgegenwärtig, und fügte mit einer abschätzigen Handbewegung hinzu, daß „die sich doch jetzt alle für Ausländer halten." Enttäuscht wandte sich die Schaffnerin ab. „Die spinnen doch, die Balten", wetterte sie ihrer Kollegin zu. Gegen ein kleines „Teegeld" bekam ich später doch noch ein anderes Abteil. Auch mit den neuen Reisegefährten hatte ich kein sonderliches Glück, sie waren allzu gesprächig. Weiß Gott, was sie alles über Lettland und Riga wissen wollten. Ich improvisierte, so gut ich konnte, erfand Fleischpreise, Stimmungsbilder und Straßennamen. Auch meine Heimatstadt mußte ich frei erfinden, was die beiden nicht hinderte, „schon von ihr gehört" zu haben. Eifrig schwärmten wir einander von den Sehenswürdigkeiten des alten Rigas vor, wobei sie wohl – genauso wie ich – noch nie im Leben in Lettland waren. Ich kam mir vor wie ein Schauspieler in einem billigen Film. Den Text schlecht gelernt und ängstlich zum Regisseur schielend: Hat der Alte wirklich noch nichts bemerkt?
Ich scheine wirklich schon anstandslos als Balte „durchzugehen", trotz meines germanischen Akzents. So läßt es sich ruhiger schlafen – außerhalb der Stadtgrenze von Moskau jedenfalls.
Kaum war ich wieder zu Hause – in Moskau –, geschah das Unglaubliche: Klara Romanowna eröffnete mir, sie habe einen Lehrer für mich gefunden. Gleich am nächsten Morgen trafen wir uns alle drei – in der Metro: Salafdi heißt der Auserkorene, er ist Tschetschene, eine Mischung aus Alain Delon und kaukasischem Hirten. Dann beginnen wir endlich, im Puschkin-Institut. Wenigstens nicht in der Metro, Klara Romanowna war auch das zuzutrauen.
Meine Freude, daß es endlich losgeht, war verfrüht. Die ersten Stunden unseres „intensiven Individualstudiums" sind wir nur damit beschäftigt, über den Stundenplan zu streiten. Salafdi besteht „aus pädagogischen Gründen" auf einer fünfminütigen Pause nach jeder Stunde, die er aber gleichzeitig für unnötig hält: Statt dessen will er jeden Unterrichtstag

pauschal um vier Pausen kürzen, sprich, er will zwanzig Minuten früher nach Hause.
Ich erkenne mich selbst nicht wieder: Mit dem Lerneifer eines vorbildlichen Pennälers kämpfe ich um jede Minute der kostbaren „Lehrzeit" – anstatt wie zu seligen Schulzeiten über jede ausgefallene Stunde zu jauchzen. Ob wir wohl in den nächsten „Lektionen" endlich mit dem Studium anfangen werden?
Aus dem vereisten Moskau grüßt Dich B.

7.

Dezember 1990

Matjusik,
ich war zu Hause, sieben Tage, über Weihnachten. Die Familie hat sich durchgesetzt, das Angebot, mir den Flug zu schenken, war zu verführerisch: Weihrauchdunst und Halleluja statt Warteschlangen und Grütze.
Zuerst wollte man mich gar nicht aus dem Land lassen: Es ist unglaublich, nicht nur zum Ein-, auch zum Ausreisen braucht man ein Visum, wie ein Sowjetbürger. Alles hing an diesem lächerlichen Papier. Und das wenige, was eine sowjetische Behörde wirklich tut, tut sie gründlich. Bis zur letzten Sekunde wollte man den Fetzen nicht herausrücken: Da fehlte hier eine Erlaubnis, dort ein Stempel, und der zuständige Vorgesetzte war natürlich „im Urlaub" – man meinte wohl eher einen Winterschlaf. Erst „höhere Gewalt" brachte die Wende : Klara Romanownas Schimpftiraden hatten dem entnervten Ausländerbeamten am Ende so zugesetzt, daß er – nicht ohne seinerseits zu fluchen – das Visum wütend auf den Tisch schmiß: „Aber lassen Sie sich hier nicht mehr blicken", schickte er uns liebevoll hinterher.
Zwei Stunden im Flugzeug, und du bist in einer anderen Welt. Wo? Zuhause oder von Zuhause weg?

Von Salafdi hatte ich einen großen Wunschzettel mit auf den Weg bekommen. Von Kaugummis über allerlei Hautcremes bis hin zur Lederjacke. Wie lächerlich war es , wenn ich mich damals mit ihm um ein paar Minuten gestritten habe. Inzwischen unterrichte eher ich Salafdi als er mich: Ob es um die Preise in Deutschland geht, um den Geschmack der ausgefallensten Schokoriegel oder den letzten Schrei der Damenlederjackenmode: Salafdi legt eine nicht für möglich gehaltene Wißbegierde an den Tag. Ich tue mein Bestes, obwohl ich doch „fachfremd" bin. Nicht einmal den Schein wahren wir noch, nach zwei von unseren täglichen vier Stunden flüchten wir uns in die Cafeteria neben der Mensa und lassen den Tag gemütlich mit unseren Kommilitoninnen – sprich Kolleginnen – bei einer Tasse Kaffee ausklingen. Ein „individuelles Intensivstudium!"
Zu Hause haben sie mich kaum wiedererkannt, obwohl ich doch nur ein paar Monate hier war. Einen russischen Schlendrian attestieren sie mir, warum auch immer.
Große Augen beim Einkaufen: Steht da doch wirklich eine Unzahl von Milchpaketen im Regal, keine Schlange, kein Handgemenge weit und breit. Matjusik, es war also doch wahr, was ich hier in Rußland vom Westen erzählt habe! Leicht beschämt stehe ich mit fünf Päckchen Milch vor der Ladentür. Der Russe in mir!? Stutzig drehe ich mich um, als ob ich irgend etwas verloren hätte. Ja, es fehlt etwas, ich kann mich „meiner Beute" nicht so recht erfreuen, zu mühelos war sie zu bekommen.
Weihnachten. Gebannt starre ich auf all die Leckereien! Mein Gott, welch köstliches Gebäck, welch erlesene Süßigkeiten! Und ständig der Reflex, sich etwas in die Tasche zu stecken, mitzunehmen für „drüben".
Die Zeit geht an mir vorbei.
Dann die Fahrt zum Flughafen, freudig und doch erschrocken, bepackt wie ein Maulesel, ein Nikolaus – Väterchen Frost – in eigener Sache, ohne Bart und Mütze. Der Abschied fällt schwer. In Moskau steht Sascha Kerasow am

Flughafen. Mit seinem wie immer verschmitzten Lächeln mustert er die Unmengen an Gepäck – „du hättest den Deutschen noch etwas übriglassen sollen!". Nach dem obligatorischen Bruderkuß habe ich die Welten endgültig wieder gewechselt.
Irgendwo hat Sascha ein Auto aufgetrieben, eine Stange Zigaretten kostet uns der Spaß. Ab nach Ljuberzy. Ob ich wirklich froh bin, wieder hier zu sein? Sascha glaubt mir nicht so recht: „Da drüben habt ihr es doch viel besser." Wieder spüre ich diese verfluchte Stummheit in mir.
Abends gibt es Hefebier, Weißwürste und Brezen in Ljuberzy – ohne Volksmusik, das sei zu meiner Ehrenrettung gesagt! Laß' es dir gut gehen!

8.

Januar 1991

Matjusik,
sei gegrüßt aus Belzy. Wieder bin ich in Moldawien. Alles ist gut gegangen. Bis zur letzten Minute wußte ich nicht, ob ich Silvester bei Andrej oder am Flughafen verbringen würde. Ich hatte nur ein Rubelticket, das etwa soviel kostet wie in Deutschland eine Straßenbahnfahrt. Als Ausländer darf man deshalb nur mit Devisenflugschein fliegen. Aber die Damen am Schalter nehmen das – das Schicksal sei ihnen gnädig – offensichtlich nicht so genau. Schließlich ist es ja nicht ihr Geld. Der Silvesterabend ist gerettet – ein Lächeln wiegt schwerer als ein dicker Geldbeutel.
Zu allem Überfluß habe ich mir letzteren auf dem Weg zum Flughafen stehlen lassen. Er war zwar alles andere als dick, aber es ist schade um das gute alte Stück und die vielen Adressen, die es in sich barg.
Ohne eine Kopeke flog ich nach Belzy. Erleichternd aufatmend, als da Andrej schon von der Luft aus auf dem Roll-

feld zu sehen war: Wie ganz Belzy hat auch der „Aeroport" bescheidene Ausmaße.
Andrej ist mein „ältester" Freund in der Sowjetunion. Ich habe ihn bei meiner ersten Moskaufahrt kennen- und seitdem auch liebengelernt .
Es war eine sehr lange Silvesternacht. Gleich dreimal „begrüßten wir 1991", wie es hierzulande heißt: Zuerst um 11 Uhr nach Moskauer Zeit, dann um 12 Uhr das „Echte", Moldawische , und um 1 Uhr gedachten wir der zurückgebliebenen Deutschen. Die „Gramme" gingen nicht spurlos an uns vorüber. Gegen vier Uhr nachts zogen wir singend durch die Stadt. Unser Gesang ging – Gott sei Dank – im allgemeinen Lärm unter. Wenn es nicht umgekehrt war.
Inzwischen decke ich mich hier in Belzy mit Lebensmitteln für Moskau ein. Stell' Dir vor, Matjusik, es gibt hier Käse, ganz frei, ohne Bezugsscheine und Schlange. Und Milch, Matjusik, Milch, selbst nach der Mittagspause liegt sie oft noch offen in den Regalen. Zustände wie im Kommunismus. Andrej arbeitet immer noch als Deutschlehrer und beklagt sich bitter, daß ich nur russisch mit ihm spreche und ihn wieder einmal um seine Sprachpraxis bringe. Seinen Schülern hat er mich als lebendigen Sprachautomaten vorgestellt. Mit weit aufgerissenen Mündern starrten sie mich an und konnten es gar nicht fassen, daß jemand derart schnell deutsch sprechen kann. Andrejs Autorität muß es gut getan haben. Die ganzen Sommerferien über hat er das Mobiliar seines Klassenzimmers hergerichtet. Auch handwerkliche Arbeit gehört zu den Aufgaben der sowjetischen Pädagogen – und wertet sie in den Augen ihrer Schüler nicht gerade auf.
Eines seiner dringlichsten Probleme hat Andrej endlich gelöst: Die schlaflosen Nächte im Lada haben – rechtzeitig vor dem Wintereinbruch – ein Ende. Er hat endlich eine Garage und kann wieder ruhig schlafen. Der Wagen steht jetzt wohlbehütet am anderen Ende der Stadt: Zur Garage hat Andrej zwanzig Minuten mit dem Oberleitungsbus zu fahren. Und auf den wartet er noch einmal eine Viertelstunde.

Im Westen hält man sich ein Auto, um genau solche Strecken nicht mit dem Bus zurücklegen zu müssen.
Dafür ist die Garage die gefürchtetste Allzweckwaffe der Russen: Von der Viehhaltung über Kartenabende bis hin zum diskreten Stelldichein: Für alles muß sie herhalten, und wenn sie nur, wie bei Andrej, Lieblingsfluchtort vor der Schwiegermutter ist. In seiner Garage ist der Mann noch Mann.
Morgen fliege ich zurück nach Moskau, bei der Paßkontrolle wird es keine Probleme geben hier im fernen Moldawien.
Den grünen Farbton meines „Pasport" wird der diensthabende Milizionär seinem vorabendlichen Wodkakonsum zuschreiben. Und auch die Buchstaben werden kaum zu entziffern sein, lateinisch wirken sie schon fast. Hastig wird er mich durchwinken. Ähm,.., der nächste!
    La revedere, Matjusik!

9.

Januar 1991

    Matjusik,
es geht mir gut. Die Wunde von Ala sitzt immer noch tief, bis heute habe ich keine Spur von ihr gefunden. Die Erinnerung ist dazu verurteilt, Erinnerung zu bleiben.
Ich bin wohlerhalten nach Moskau zurückgekommen und habe schon wieder einen Verlust zu beklagen. Keinen allzu schweren zwar, aber immerhin. Salafdi ist von mir geschieden, er ist buchstäblich verschwunden. Im Institut heißt es, er sei unterwegs nach Afrika. Dort werde er für seine Lehrkünste noch besser entlohnt. Seine afrikanischen Zöglinge werden über die Wirtschaftslage in der Sowjetunion bald bestens Bescheid wissen. Sie werden über alle Moden und Trends in Deutschland im Bilde sein, zumindest über all das wenige, was ich davon wußte. Und vielleicht werden sie nebenbei auch noch ein bißchen Russisch lernen, wenigstens zählen sollten sie können.

Und ich sitze im kalten Moskau auf all den Kaugummis, Verjüngungscremes und der Jacke. Klara Romanowna, der besagte Cremes übrigens gut zu Gesicht stehen würden, verspricht raschen Ersatz für Salafdi.
Es ist bitter kalt, minus 25 Grad, und wenn ich auch oft mit dem Taxi fahre, bin ich doch froh, daß ich jetzt nicht ins Institut muß.
Taxis! Sie kosten zwar nur den Bruchteil einer Straßenbahnfahrt in Deutschland, aber es ist Glückssache, eines zu bekommen, zu „angeln", wie man bezeichnenderweise sagt. Wenn dem Fahrer die gewünschte Richtung nicht paßt, schlägt er dir einfach die Tür vor der Nase zu. Auch „Tschastniks", Privatleute also, halten oft an, wenn man beim Taxiangeln mit weit ausgestrecktem Arm am Straßenrand steht: Aber sie verlangen manchmal schon unverschämt hohe Preise.
Kannst Du Dir mich in einem Taxi vorstellen, Matjusik? Was ist nur aus mir geworden!
Die Lebensmittel, die ich von zu Hause mitgebracht habe, erweisen sich als wahrer Segen. Die Geschäfte sind leerer als je zuvor. Sie sind „sexy", wie man mit Galgenhumor scherzt: Alle Regale sind nackt.
Die Versorgungsengpässe haben mit den ständigen Gerüchten über eine Währungsreform zu tun, das ganze Land spielt verrückt.
Wenn es wirklich etwas gibt in einem Laden, steht in Windeseile eine kilometerlange Schlange davor. Und wenn das unnötigste Zeug verkauft wird! Die Leute hinten in der Schlange wissen meist gar nicht, was vorne denn nun wirklich zu haben ist: Die Schlange als solche bürgt schon für die Begehrtheit der „verteilten" Ware.
Saschas Sohn aus erster Ehe, Slawik, macht sich mit seinen Freunden einen regelrechten Spaß daraus, künstliche „Otscherids" zu erzeugen. Zu zehnt stellen sich die Bengel an irgendeine Tür, und im Handumdrehen kommen die ersten „Kunden". Nach einer halben Stunde sind meist schon derart viele Kauflustige versammelt, daß sich Slawik und seine

Freunde unbemerkt aus dem Staub machen können: Ihr zartes Gewächs hat Eigenleben entwickelt, die Schlange ist autark, mit anderen Worten, man wird sich noch bis zum späten Abend die Beine in den Bauch stehen. Bis auch die Unentwegtesten aufgeben, fest überzeugt, es hätte sich lohnen können: Wenn niemand weiß, was verkauft wird, muß es sich schließlich um etwas sehr Begehrtes handeln. Würde man ansonsten anstehen, ohne etwas Genaues zu wissen?!
Welch ein Vergnügen ist es da für Anna Georgiewna, Saschas Mutter, einkaufen zu gehen: Als Kriegsveteranin hat die ebenso gebrechliche wie energische Rentnerin das Recht, sofort bedient zu werden, ohne sich anstellen zu müssen. Die Wut der Schlangestehenden ist ihr sicher. Vor allem dann, wenn die begehrte Ware schon langsam ausgeht. Da kommt Anna Georgiewna dann ganz betrübt nach Hause, ein paar junge Leute haben sie angeschrien, weil sie vor ihrer Nase die letzten beiden Kilo Hering wegkaufte. Und als sie sich dann rechtfertigte, ihr Kater habe nun einmal Hering am liebsten, wurde die Menge auch noch ungehalten. Anna Georgiewna schüttelt den Kopf, sie versteht sie nicht, die heutige Jugend.
Einmal bin ich selber mit ihr einkaufen gegangen. Diskret flüsterte ich ihr meine Einkaufsliste ins Ohr und hielt mich im Hintergrund. Anna Georgiewna konnte meine Zurückhaltung nicht verstehen. Lautstark fragte sie mich – über die Köpfe der Schlangestehenden hinweg – mit ihrer unnachahmlichen Unschuldsmiene, ob ich nicht auch noch ein Kilo Servelat wolle. Nun, die Russen sind ein durchaus friedfertiges Volk, und so kamen wir halbwegs lebend aus dem Laden heraus. Endlich habe ich auch mit den ausgefallensten Schimpfwörtern Bekanntschaft gemacht. Allerdings stehe ich seither lieber Schlange.
Schreib'mir doch endlich, Matjusik, ich sitze hier in der Kälte und warte vergeblich auf Deine Briefe! Laß'Dich umarmen, Matjusik!

10.

Februar 1991

Matjusik,
kaum ist ein Monat vergangen, und schon habe ich eine neue Lehrerin. Jelena Petrowna heißt die Unglückliche. Sie ist Dozentin an einer Panzerakademie. Das riesige Drahtgestell auf ihrer Nase scheint sowohl Brille als auch Anschauungsmaterial im Taktikunterricht zu sein. Statt im Institut wird mein Studium nun in Jelena Petrownas Ein-Zimmer-Wohnung fortgesetzt. Sie ist nicht mehr die Jüngste, und das ist gut so: Ansonsten würde das Bett, das dem Schreibtisch direkt gegenübersteht, allzusehr ablenken. Am erträglichsten sind die langen Kaffeepausen in der Küche: Jelena Petrowna verköstigt mich nach Kräften.

Das ganze Land steht Kopf, die so befürchtete Währungsreform hat endlich stattgefunden, wenn auch anders als erwartet. Vorgestern Abend wollten mit einem Mal alle möglichen Leute bei mir 100-Rubel-Scheine wechseln, bis mir endlich eine ehrliche Seele reinen Wein einschenkte: In der „Wremja", den 21-Uhr-Nachrichten, war soeben verkündet worden, daß die beiden größten Scheine im Lande, á 50 und 100 Rubel, ab Mitternacht ungültig seien. Die unglücklichen Besitzer können sie in andere, kleinere Scheine umwechseln – wenn sie nicht mehr als 1000 Rubel zu tauschen haben oder ihre Redlichkeit beweisen. Die ganze Sowjetunion ist im Tauschfieber. Auf dem Rigaer Markt, dem größten Schieberplatz in Moskau, werden 100-Rubel-Scheine zu 40 Rubeln gehandelt. Der Kurs fällt stündlich.

Die allgemeine Panik macht auch vor den Toren der deutschen Botschaft nicht halt: Die Männer vom Wachdienst, wegen des Golfkrieges ohnehin in Alarmbereitschaft, sind heute noch nervöser als sonst. Einer will mir 30 Hundertrubelscheine für 1000 Rubel andrehen. Wahre Abgründe tun sich auf: Offensichtlich fällt es den Staatsdienern schwer, ihre „Redlichkeit" nachweisen. Die Sache ist heikel, die Herren vom Auswärtigen Amt müssen entweder illegal Devisen getauscht haben oder andere schwarze Einkünfte haben. Das Ganze ging gut, bis die böse Sowjetregierung ihre arglistige Reform aussheckte. Und da riskiert nun so mancher brave Diplomat lieber Hals und Kragen, anstatt die alten Scheine stillschweigend zum Altpapier zu legen. Es scheint sich nicht herumgesprochen zu haben im Botschaftsghetto, daß man hierzulande für jedes Kilo Makulatur einen Buchgutschein bekommt.

Ich mache Sascha das Angebot mit den 3000 Botschaftsrubeln, schließlich hat er selber nichts zu wechseln und könnte sich ein kleines Zubrot verdienen. Aber er ist nachdenklich, nein, so etwas liege ihm nicht, und ich bin ein wenig beschämt, daß ich ihm diesen Vorschlag gemacht habe. Wahre Freundschaft hört nicht etwa beim Geld auf, nein, sie treibt ihre schönsten Blüten gerade dann, wenn es um das schnöde Mammon geht: Viktor Pawlowitsch hat mich wiedergefunden, mein Volksdeputierter, der so spurlos verschwunden war. Ein Eiltelegramm holt mich aus dem Schlaf: „Bitte dringend anrufen!" Der Gute möchte ein paar tausend Rubel auf mich abwälzen. Ich habe doch sicher Freunde, meint er, und er würde sich revanchieren. Mein Gott, wie ist es um den Obersten Sowjet bestellt, wenn seine Abgeordneten auf Leute wie mich zurückgreifen müssen! Ich kann dem Ärmsten nicht helfen, wütend legt er auf.

Allerorts verlassen die Wölfe ihren Schafspelz. So mancher bescheidene, unauffällige Kollege vom Nachbarschreibtisch kommt plötzlich mit 10 000 Rubeln an und bittet sein Kollektiv verzweifelt um Hilfe. Und wer kann sich erklären, woher Jelena Petrownas Dekan sein Köfferchen mit den sauber gebündelten Notenpäckchen hat?

Sämtliche Banken werden von tagelangen Warteschlangen belagert, es gibt zu wenig kleine Scheine im Land, um alle Reformopfer auszubezahlen. Es kommt nicht zu Mord und Totschlag, aber doch zu Handgreiflichkeiten, Nervenzusammenbrüchen und Infarkten.

In den Geschäften herrscht wie ehedem gähnende Leere, nur die Warteschlangen sind endlich kürzer geworden: Man steht vor den Banken.
Die ganze Umtauschaktion mag ökonomisch ein Unsinn sein, und doch bin ich Premierminister Pawlow unendlich dankbar: In der großen Schlacht um die kleinen Scheine ließ mancher seine Maske fallen, die Reform enthüllte das wahre Antlitz unserer Mitmenschen. Kann Politik edlere Ziele haben?
Wie lächerlich sind dagegen meine kleinen Probleme: die verfluchte Lederjacke! Von Salafdi bestellt und nicht abgeholt. Durch ganz Moskau führt mich diese unglückselige Klamotte. Wie ein elender Kommersant – so nennt man die Spekulanten inzwischen beschönigend – versuche ich sie an den Mann zu bringen. Freunde und Bekannte lasse ich aus dem Spiel: So modisch das gute Stück auch sein mag – es ist ausgesprochen häßlich.
Zwei Wochen lüftete es im Nikolajewski-Kommissionsladen aus, mit dem Erfolg, daß sie mir auch noch einen Haufen Geld für die Verwahrung abknüpfen wollten. Ich stellte mich dumm, was mir nicht sonderlich schwerfiel, aber sie waren unerbittlich. Erst als ich das Beschwerdebuch forderte, brachte ich sie aus dem Gleichgewicht. Man tuschelte nervös und ließ mich ziehen.
In einer Art letzter Verzweiflung – ich hätte das tote Tier am Ende noch selber anziehen müssen – gab ich die Jacke Klara Romanowna, welcher Teufel mich auch immer geritten hat. Statt etwas zu bezahlen, versprach sie mir, endlich den längst überfälligen Lohn für meine letzte Übersetzung herauszurücken. Ihre Goldzähne haben nie so schön geglänzt!
Ab und zu schlage ich meinem Gewissen mit allen möglichen Ausreden ein Schnippchen und ertappe mich auf dem Weg zum Devisenladen. Sie haben alle etwas Widerliches, ja Anrüchiges an sich. Käse und Zucker, Eier und Mehl, all das, was aus den Staatsgeschäften schon lange verschwunden ist, wird hier gegen harte Währung an Ausländer verscherbelt.

Das Angebot entspricht etwa dem, was vor zwei Jahren noch in jedem einfachen „Magazin" zu haben war, von einigem westlichen Firlefanz abgesehen. Schwer beladen komme ich nach meinen Einkaufstouren zurück nach Ljuberzy. In der „Elektritschka", der S-Bahn, werde ich schief angeschaut wegen der nagelneuen westlichen – und noch dazu vollen – Plastiktüten. Und auch vor den Kerasows ist mir nicht wohl: All die Lebensmittel, die sie im eigenen Land schon eine Ewigkeit nicht mehr gesehen haben, bringe auf einmal ich als junger Ausländer ins Haus. Wenigstens auf diese Weise kann ich den Familienetat ein bißchen aufbessern. Ob ich recht habe, weiß ich nicht, Matjusik.
Die Kerasows wollen perdu keine Kopeke von mir annehmen, und ich bin froh darüber. Nein, das Geld würde ich ihnen gerne geben, es ist nur so unendlich angenehm, diese Papierscheine aus dem Spiel zu lassen. Einfach Mensch zu sein und nicht Zahler und Zahlungsempfänger. Lach' nicht, Matjusik, es ist eine gewisse Unschuld, die wir uns auf diese Weise bewahrt haben.
Wir helfen einander, wo wir können. Sie haben es schwer, die Kerasows. Sascha ist Frührentner, Invalide. In jungen Jahren war er in Semipalatinsk stationiert, ja, der Name sagt Dir sicher etwas: Das Atombombentestgebiet der UdSSR. Sascha spricht nicht gerne über diese Zeit in der kasachischen Steppe, das wenige, was ich darüber weiß, hat mir Anna Georgiewna erzählt. Nach der Armee kam Sascha nie mehr so recht auf die Beine, sein Studium gab er auf, rätselhafte Kopfschmerzen raubten ihm die Ruhe. Und auch später macht ihm die geschundene Gesundheit immer wieder einen Strich durch die Rechnung. Vor drei Jahren wurde er als Invalide anerkannt – wozu man den Ärzten in der Kommission reichlich Wodka spendieren mußte. Jetzt leidet Sascha daran, daß er nicht mehr gebraucht wird, nicht mehr alleine für sich aufkommen kann: Anna Georgiewna arbeitet mit ihren 72 Jahren immer noch als Nachtwächterin in einer Fabrik, um die Familie durchzubringen.

Und da komme dann plötzlich ich, mit Devisen, großen
Theorien und einer fremden Welt. Klein und nackt, unbeholfen mit all meinem Wissen, zur Antwort nur ein ernstes
Gesicht parat. Meine Kratzer hielt ich schon für Konturen,
und nun stehe ich mit einem Mal vor gewaltigen Rissen.
Sascha Kerasow ist aus einem Dostojewski-Roman entstie-
gen, mit seinem furchenreichen, bärtigen Gesicht, seinem
schmunzelnden Lächeln und seiner Traurigkeit. Ein tragi-
scher Held, maßlos alles durchlebend, sich selber zugrunde
richtend und sich dessen im Innersten auch bewußt.
Eine unendlich, jahrhunderteschwere Traurigkeit lastet auf
diesem Land.
Und manchmal komme ich schon nicht mehr gegen sie an!

11.

Februar 1991

Matjusik,
ich schreibe Dir aus einer ganz anderen Ecke dieses riesigen
Landes, aus Tiflis, der alten Handelsstadt an der Seiden-
straße.
Auf seltsamen Wegen hat es mich hierher in den Kaukasus
verschlagen, mit einer Delegation aus Bonn, die hier eine
Ausstellung über „unsere Jugend" (was immer das auch sein
mag) organisieren soll.
Als Platz für dieses abenteuerliche Unterfangen haben sich
die arglosen Funktionäre vom Bundesjugendring eines der
schlimmsten Viertel von Tiflis ausgesucht. In einem alten,
umgebauten Schwefelbad sollen wir der Völkerverständigung
frönen. Das Bad ist reizend, nur hat niemand bedacht, daß
ausgerechnet jetzt Schulferien sind: Ganze Horden wildge-
wordener Halbwüchsiger belagern unsere Ausstellung von
früh bis spät. Die wenigen ernsthaften Gäste wenden sich
spätestens im früheren Duschraum mit Grausen.

Es wird geschrien, getrunken und geschlägert, wir haben uns hilflos in eine der Naßzellen zurückgezogen und zählen die materiellen Verluste.

Endlich verspricht man uns Abhilfe, wir sollen unter Polizeischutz gestellt werden. Am nächsten Morgen sind wir voller Hoffnung, aber es geht noch wilder zu als bisher, von der Miliz keine Spur. Verängstigt stehen wir zwei Jugendbanden im Weg, die sich gerade intensiv miteinander befassen. Mit Völkerfreundschaft hat all das wenig zu tun.

Wir fürchten schlicht um unsere Haut: Schweren Herzens rufe ich bei der Miliz an, aber bei der „02", dem Notruf, nimmt niemand den Hörer ab. In einem der naheliegenden Läden habe ich mehr Glück, man gibt mir gleich die Nummer des Polizeipräsidenten. Es kann kein Zufall sein, daß man sie sofort zur Hand hatte.

Der Präsident war leicht verblüfft, als da plötzlich ein wütender Ausländer ins Telefon schrie. Erst als ich ihm vorhalte, man werde in Moskau nicht begeistert sein, wenn unserer „offiziellen Delegation" etwas zustößt, wird er mit einem Mal hellhörig. Die Worte „offiziell" und „Moskau" sind das „Sesam öffne dich" der Sowjetunion.

Fünf Minuten später ertönt eine Sirene, unsere Badegäste sind im Handumdrehen verschwunden, die gesamte Kundschaft ist ausgeflogen. Drei Mann stark ist die Miliz angerückt, sichtlich erleichtert, daß keine Arbeit droht.

Die Ruhe währt nicht lange, wieder Sirenengeheul, ein schwarzer Wolga fährt vor, heraus springt – wild fluchend – ein Oberst der Miliz mit seinem Gefolge. Mißmutig überzeugt er sich, daß wir noch am Leben sind. Endlich kommt ihm ein Kind unter die Finger – das eigentlich nur ganz friedlich seines Weges gegangen war. Von der Schimpfkanonade, die sich auf georgisch über den armen Jungen ergießt, verstehe ich kein Wort. Aber nach Lautstärke, Tonfall und Gestik zu urteilen, gefällt der Kleine dem Herrn Oberst nicht so recht: Den ganzen Zorn über die gestörte Siesta läßt der Milizoffizier an dem kleinen Stöpsel abprallen. Als die hohen Herr-

schaften schon längst wieder gefahren sind, hält der Ärmste immer noch schützend die Arme über dem Kopf verschränkt.
Zurück blieb unsere „Streife": zwei Sergeanten und ein Leutnant. Kaum hatten wir es uns im früheren Schwitzraum gemütlich gemacht, da zog der Leutnant auch schon eine Flasche Kognak aus der Uniform. Auf die Bekanntschaft gelte es anzustoßen! Einer der Sergeanten weigerte sich hartnäckig, mitzutrinken (unter dem lächerlichen Einwand, er sei der Fahrer). Der strenge Leutnant erteilte ihm darauf den „dienstlichen Befehl" – schulterzuckend und gar nicht so betrübt hob der Ärmste sein Glas: „Dienst ist Dienst." Gaumatschos!
Wir revanchierten uns mit Wein, was das Auge des Gesetzes natürlich nicht unbeantwortet lassen konnte. Welch unbeschreibliches Glück, daß ich bei dieser Antwort dabei sein durfte: Ein unvergeßliches Erlebnis, im Polizeijeep mit Blaulicht und sternhagelvollem Fahrer durch die halbe Stadt bis zur nächsten Brauerei („Bierfabrik", wie man sie hier nennt). Die Warteschlange vor dem Tor beeindruckte unsere Ordnungshüter nicht im geringsten: In Ausübung ihrer Pflichten hatten sie selbstverständlich Vortritt. „Dein Freund und Helfer" – endlich verstehe ich, warum sie so genannt sein wollten.
Es war ein hochprozentiger Tag, und soweit ich mich erinnern kann, hatten wir anfangs erhebliche Bedenken, als uns der Sergeant ins Hotel zurückfahren wollte. Aber wir sollten es nicht bereuen, mit Dauerhupe und Blaulicht in Schlangenlinie durch den Berufsverkehr, Matjusik, ich entdecke eine verborgene Liebe zur Polizei!
Inzwischen haben wir uns schon fest angefreundet mit unserer „Troika", es ist ruhig geworden im Schwefelbad, und wir schließen nähere Bekanntschaft mit der Produktpalette der örtlichen Wein-, Kognak- und Wodka-"Fabriken". Nur einmal mußten die drei Unterstützung anfordern, als sie dem neuerlichen Ansturm der städtischen Jugend alleine nicht mehr Herr wurden. Obwohl wir zu diesem Zeitpunkt noch einigermaßen nüchtern waren.

Es ist einfach herrlich hier in Georgien, Matjusik! Nicht nur um 20 Grad wärmer als in Moskau, nein, auch die Versorgungslage ist besser. Für eine Schachtel guter Zigaretten bekommst du eine ganze Flasche Wein. Inzwischen ist der Kurs schon auf drei Flaschen für eine Schachtel und ein Feuerzeug gefallen. Jedes Abendessen beginnt mit zähen Verhandlungen mit den Kellnern, und nur wer nicht russisch spricht, hat keinen Spaß daran.
Aber die georgische Mentalität hat auch ihre unangenehmen Seiten. Endlich hatte ich eine junge Georgierin zu einem Rendezvous überredet: Schließlich waren wir im Namen der Völkerverständigung gekommen. Nein, nicht etwa, daß sie mich versetzt hätte. Eher das Gegenteil war der Fall. Es kamen ihrer gleich zwei, sie hatte ihre Cousine mitgebracht als Anstandsdame. Die Bekanntschaft geriet notgedrungen in andere Bahnen, ich bin jetzt mit ihrem Bruder befreundet – wenn auch nicht ganz freiwillig. Ich ziehe Moskau vor!
Meine Zigaretten gehen mir aus, die Glimmstengel sind schreckliches „Defizit" in diesem Tabakland – Mangelware also. Selbst auf dem Schwarzmarkt sind sie nur mit viel Glück und Geduld zu bekommen. Auf der Straße wirst du ständig angehalten, wildfremde bitten dich um eine Zigarette: Und wenn du vergessen hast, deine Schachtel zu vergessen, hast du zu teilen: Die Tradition wiegt schwerer als alle Versorgungsengpässe. Noch nie habe ich mit so großer Begierde geraucht wie hier in Tiflis.
Meistens komme ich erst in den frühen Morgenstunden nach Hause: Nikolai, den ich vor zwei Jahren bei einem Kinofestival in Deutschland kennengelernt habe, hält es für seine Pflicht, mich mit all seinen Freunden und Verwandten bekanntzumachen. Und die hat er reichlich. Es mehren sich böse Stimmen und Vermutungen über mich in der Delegation! Meine allmorgentliche Müdigkeit ist den Jugendfunktionären nicht recht geheuer.
Matjusik, wir müssen unbedingt zusammen nach Georgien! Nachwamdis! Auf Wiedersehen!

12.

März 1991

Matjusik,
gesund und traurig bin ich in den Winter zurückgekehrt. Bis sie kam! Vollbeladen mit Limonadenflaschen zog ich durch die Metro, mit Interesse beäugt von allen vorbeikommenden Alkoholikern, „wo ich es gefunden habe", von Bier redeten sie, aber da war nur Zuckerwasser. Argwöhnisch und enttäuscht gingen sie weiter. Und dann stand da auf einmal sie am Bahnsteig, eingehüllt in eine riesige „Schuba", die alles außer ihrem Gesicht und ihren Haaren unter sich versteckte. Verflucht sei es, daß ich ausgerechnet an diesem Tag so beladen war! Der Teufel soll all dieses süße Zeug holen! Ich stieg mit ihr an der nächsten Haltestelle aus, die Flaschen klirrten, doch sie lächelte, als ich sie ansprach, und ich hätte fast die ganze unglückselige Limonade fallenlassen, als sie mir tatsächlich ihre Telefonnummer gab. Als wir uns schließlich für nächste Woche verabredeten, war ich wieder versöhnt mit dieser Welt. Wie schön ist sie, mein Gott! Ihr Lächeln läßt dich alles vergessen. Anna heißt sie, Matjusik, Anna!
Wie ein Engel kreuzte sie meinen Weg. Ein schreckliches Gewitter hatte sich zur gleichen Zeit über mir zusammengebraut: Nach Ljuberzy zurückgekommen, erkannte ich Sascha kaum wieder. Wie aufgezogen raste er, wild fluchend, durch die ganze Wohnung, Anna Georgiewna saß weinend in der Küche, Shenja war auf die Datscha geflüchtet, und Spartakus hielt sich hinter dem Sofa in Deckung.
Was kann der Alkohol mit einem Menschen anrichten! Und wie weh tut dir all das, wenn du diesen Menschen gern hast! Plötzlich ist Sascha verschwunden, den halben Tag suche ich ihn verzweifelt in der Stadt, wische ihm so gut ich kann das Blut aus dem Gesicht, als er verprügelt und rasend vor Zorn zurückkommt. Mitten in der Nacht renne ich ihm, notdürftig angezogen, hinterher in den Hof, reiße ihm wutschnaubend

die Wodkaflasche aus der Hand und flehe am nächsten Tag
den Arzt an, ihn mitzunehmen.
Ich war am Ende nach diesen drei Tagen, schlicht und einfach am Ende. Und wäre da nicht das Rendezvous mit Anna
als Lichtschimmer am Horizont, es hätte schlecht enden
können, Matjusik!
Inzwischen fühle ich mich besser, Sascha ist schon zwei Tage
im Krankenhaus, er ist wieder zu sich gekommen, sagt Anna
Georgiewna. Shenja ist von der Datscha zurückgekehrt, morgen sehe ich endlich Anna, alles wird gut werden!
Ich habe immer noch keinen Brief von Dir bekommen,
warum läßt Du mich so lange warten, Matjusik?
Auf daß Du Grund zur Freude hast!

13.

März 1991

Matjusik,
was für eine Frau! Endlich kann ich Ala vergessen! Endlich
fange ich wieder an zu leben. Sie ist wunderbar. Wie aus
einem Traum, und fast habe ich Angst aufzuwachen.
Verzeih' mir, Matjusik, daß ich Dir von meinem Glück schreibe, obwohl ich nicht weiß, wie Dir zumute ist.
Wir waren zusammen in Leningrad. Eine inszenierte und
doch faszinierende Stadt. Bei jedem Schritt stößt du auf
Geschichte, eine junge zwar, aber doch! Du wartest darauf,
daß dir hinter der nächsten Straßenecke Puschkin oder
Dostojewski entgegenkommen, wirst höflich den Hut vor
ihnen ziehen und weitergehen, als sei nichts geschehen. In
den Hinterhöfen ist die Zeit stehengeblieben, fünf Schritte,
und schon bist du 100 Jahre von der Straße weg: nichts als
das schimmlige Grau der Häuser, dazwischen verwahrlostes
Grün, sanftes, mattes Licht, das sich in den Pfützen spiegelt.
Leise verirren sich Wassertropfen in die allgegenwärtige Stille.

Alles scheint in einen Dornröschenschlaf versunken, du bist losgelöst von der Zeit, von allem, was um dich herum ist. Und am frühen Morgen sind noch nicht einmal Autos da, die deine nostalgischen Gefühle in ihren Abgaswolken ersticken.
Ich liebe die Hinterhöfe in diesem Land! Sie können mir gestohlen bleiben, eure Bars und eure Cafés. Wie eintönig und leer sind sie im Vergleich zu einem heruntergekommenen Hinterhof, einsam, verschwiegen und melancholisch.
Dann sind wir ans Meer gefahren, haben eine verlassene Baustelle gefunden, nicht eben ästhetisch, aber doch unendlich schön in der Einsamkeit, die sie uns gab.
Die Rückfahrt, die ganze Nacht im überhitzten Großraumwagen, Anekdoten aus der Schulzeit, so richtig interessant nur für den, der sie erzählt.
In aller Früh zurück in Moskau, Anna zu ihrer Uni begleitet, obwohl ich sie nicht ziehen lassen wollte. Aber Tamara mußte am Bahnhof abgeholt werden, sie ist heute aus Rybniza nach Moskau gekommen.
Ich ging – und blieb plötzlich stehen, sah ihr eine Ewigkeit nach, konnte es nicht glauben, daß wir zusammengehören. Sie, die da stand mit ihren langen, dunkelblonden Haaren, unbedarft, zart, ja zerbrechlich, und sich all dessen nicht bewußt. Sie lebt in ihrer eigenen Melodie, die Welt, die sie umgibt, ist ihr fremd – fast scheint es, als gehöre sie nicht zu ihr.
Ich liebe sie!

14.

April 1991

Matjusik,
wir sind gerade aus Odessa zurückgekommen, von der Humorina, einer Art Karneval am 1. April. Es war eine verrückte Reise, verrückt und herrlich.

Alles begann recht kläglich, die Hinfahrt in einem der berüchtigten „Platzkarten-Waggons", 54 Betten, nein Pritschen, über-, auf- und nebeneinander. Wenn auch nur ein einziger Passagier schnarcht, beglückt er damit all die anderen 53 gleichermaßen. Wenn auch nur zwei sich etwas lauter unterhalten, hört der gesamte Waggon mit, was vor allem nachts ausgesprochen angenehm ist. Horden von Mitreisenden, die ständig als „Transitverkehr" durch den Gang ziehen, ersticken die letzte Hoffnung, doch noch einzuschlafen, im Keim. Spätestens am zweiten Tag einer solchen Fahrt wird der anfängliche Abwechslungsreichtum an Gerüchen von jener nicht in Worte zu fassenden Duftnote verdrängt, die aus Richtung Toilette kommt.
Aber das ist alles nichts im Vergleich zu jenem Glück, das uns beiden zuteil wurde. Als Reisegefährten hatten wir eine Ratte. Eine dressierte, muß ich der Ehrlichkeit halber hinzufügen. Obwohl ich den Unterschied nicht so recht einsehen will, weswegen mich der Besitzer dieses Untiers für einen Unmenschen hielt. Und selbst diese Ratte hätten wir verkraftet, wäre da nicht jener Barde gewesen: einer von der übelsten Sorte. Sowohl Gitarre als auch Kehlkopf entlockte er nicht für möglich gehaltene Geräusche. Mit Vorliebe „sang" er nachts, was auch den leisesten (!) Gedanken an Schlaf unmöglich machte. Wir bewirteten ihn mit allem, was wir hatten, wobei er sich als verträglicher Zeitgenosse herausstellte. Aber diese Atempausen waren kurz, sein Appetit hielt sich in Grenzen, und wie von einer Sirene wurden wir jedesmal prompt wieder aus unserer Ruhe gerissen.
Erst als in der zweiten Nacht der völlig entnervte Schaffner aus dem Nachbarwaggon mit einem gewaltigen Dreikantschlüssel auftauchte und mit seiner überaus drohenden Haltung jeglichen Zweifel an der Ernsthaftigkeit seiner Absichten ausschloß, wurde es still. Eine himmlische Ruhe hatte sich über unseren Waggon gelegt. Und wenn einem nicht gerade die Ratte übers Gesicht lief, ließ es sich tatsächlich schlafen.

Sergej holte uns am Bahnhof ab, Tamaras Sohn, der in Odessa studiert oder zumindest als Student eingeschrieben ist. Wohin anders konnte uns der erste Weg führen als in den „Gambrinus": dieses begnadete Pivnoje, was mit Bierkeller viel zu schwach übersetzt ist.
Wenn du dich weder von der einstündigen Warteschlange am Eingang noch vom muskelgewaltigen Türsteher hast abschrecken lassen, bekommst du deinen Gerstensaft in stattlichen 3-Liter-Konservengläsern kredenzt. Am Boden sitzend, wenn wie immer zu wenig Plätze frei sind. Mit einem freundlichen Lächeln kann man zuweilen eine der Kellnerinnen bewegen, einen Teller mit den begehrten „Arachis" herauszurücken: gesalzene Erdnüsse, die den Biergenuß versüßen. Nur mit Anna hatten wir Probleme, schien sich doch der Erbauer des Gambrinus nicht im klaren darüber gewesen zu sein, daß es zweierlei Geschlechter gibt: Auf der Tür zur einzigen Toilette hing unmißverständlich ein entblößtes Männchen. So bleibt den weiblichen Gästen nur die nahgelegene städtische Bedürfnisanstalt. Womit das Erinnerungsvermögen des Türstehers auf eine harte Probe gestellt ist: Zweimal hätte er Anna fast in die Warteschlange geschickt, und nur nach unseren heftigen Interventionen ließ er sie mißtrauisch passieren.
Als wir gerade in der besten Stimmung waren, mußten wir das Lokal fluchtartig verlassen: Unser Barde war in der Warteschlange gesichtet worden. Bein Hinausgehen trafen wir ihn tatsächlich, friedlich und schweigend stand er in der nichtsahnenden Menge. Als ich mir das Muskelpaket von einem Türsteher genauer ansah, wußte ich nicht, mit wem ich mehr Mitleid haben sollte.
Die Humorina war in vollem Gang, ganz Odessa ein riesiges Narrenhaus. Polizisten in Zivil versuchten vergeblich, dem Denkmal des armen alten Djucks, des Begründers der Hafenstadt, die Betrunkenen vom Leib zu halten. Auch wir bestiegen den steinernen Stadtherren, der Miliz zum Trotz. Das Auge des Gesetzes ist hier nüchterner als in Tiflis.

Nachdem wir zuerst auf dem Bahnhof übernachten wollten und Sergejs Studentenwohnheim ausschlugen, fanden wir schließlich einen zum Hotel umfunktionierten, abgestellten Zug. Der Kurzsichtigkeit der „Hoteldirektorin" war es zu verdanken, daß wir ein Coupé für uns allein bekamen: Das Visum in meinem Paß muß sie wohl für einen Ehestempel gehalten haben: Vater Staat ist rührend besorgt um die Moral seiner Kinder, und nur die Heiratsurkunde berechtigt zur vertrauten Zweisamkeit.
Um fünf Uhr früh jagt man uns von den Pritschen , der Hotelzug muß weiterfahren. So werden wir eine der ersten Zeugen der neuen Pawlowschen Reform (er scheint das Volk jetzt regelmäßig mit derartigen Gesellschaftsspielchen beglücken zu wollen): Für den heutigen Tag, den zweiten April (am ersten traute man sich wohl nicht), waren gewaltige Preiserhöhungen angekündigt worden. Gebannt hatte man zwischen Ostsee und Pazifik diesem Datum entgegengezittert und gehofft. In Erwartung des höheren Profits horten die Geschäfte schon seit Wochen alle angelieferten Waren im Keller. Wahre Wunder hat man von diesem 2. April erwartet.
Und da waren sie nun mit einem Mal wirklich wieder voll, die Regale. Das heißt, sie waren eher „nicht mehr so leer" denn „voll". Selbst Milch war zu haben. Wie hatte man sie nur all die Zeit über gehortet?
Die Rückfahrt war geradezu langweilig im Vergleich zur Anreise, keine Spur von Ratten und johlenden Barden, selbst die Gerüche waren fast schon dezent. Der Schaffnerin gefiel mein Kugelschreiber derart, daß sie uns für das gute Stück gleich ein ganzes Coupé überließ.
Erschöpft in Moskau angekommen, verfütterten wir den übriggebliebenen Proviant an die hungerleidenden Zootiere. Der Abschied fiel uns derart schwer, daß ich den eisernen Entschluß faßte, mir eine Wohnung zu suchen.
Das Studium? Ja, das Studium, mein Gott, ich hätte es fast vergessen. Ich kann mir die Zeit frei einteilen, Jelena Petrowna

hat es nicht eiliger als ich. Das Schicksal meint es gut mit mir: Es gibt nur eines auf dieser Welt, was sie nicht ausstehen kann: früh aufstehen. Welch göttliche Fügung, Matjusik! Alles andere ist da zweitrangig. Unsere Stunden beginnen nie vor zwei Uhr nachmittags, wobei ich regelmäßig eine Stunde zu spät komme, was Jelena Petrowna nicht im geringsten stört. Im Gegenteil, als ich anfangs gelegentlich pünktlich kam, hatte ich immer das Gefühl, daß sie mich noch nicht erwartete. Was in Deutschland diverse Fürstenhäuser sind, ist hierzulande der Warenverkehr: nicht „wer? – wo? – mit wem?", sondern „was? – wo? – wieviel?" Reicher Nährstoff für Gerüchte und Leidenschaften. Gesprächsthema immer und überall. Fast so gut wie das Wetter. Auch mein Unterricht bei Jelena Petrowna beginnt regulär mit den drei „W": „Was haben sie gekauft? Wo haben Sie es gekauft? Wieviel Stück waren da noch da, ist das morgen schon ausverkauft?" Bestellungen werden getauscht, „wenn Sie" dieses oder jenes „sehen, kaufen Sie mir doch bitte auch gleich fünf Stück!" Nach dem Preis wird gar nicht erst gefragt: Nicht das Geld reguliert den „Warenstrom" wie im Westen, sondern der Zufall, die Geschicklichkeit und die Wartezeit.
Nach dem „Einkaufsplausch" lesen wir Zeitung, das heißt, ich übersetze sie, und dann sind wir meistens schon reif für die Kaffeepause, die sich immer mehr in die Länge zieht: Es gibt aber auch wirklich so viel zu erzählen!
Wir tun unser Möglichstes, um das Ganze nicht in Arbeit ausarten zu lassen.
Andrej war in Moskau: Larissa, seine Frau, schreibt ihre Doktorarbeit an der Lomonossow-Universität. Drei Jahre wird sie hier in Moskau im Studentenwohnheim wohnen, Andrej bleibt mit seiner Tochter und der geliebten Schwiegermutter in Belzy: Um Arbeit in Moskau zu finden, bräuchte er eine Wohnung, aber eine Wohnung bekommt er nur, wenn er Arbeit hat. Schweren Herzens fährt Andrej zurück nach Moldawien. Wozu das alles? Es versteht es genauso wenig wie ich.

Fast hätte ich das Wichtigste vergessen: In der Versorgungsfrage habe ich einen entscheidenden Erfolg errungen, ja, er fiel mir geradezu in den Schoß: in Form einer Kassiererin aus dem 3.Magazin am Dzierżyńskiplatz, gegenüber der KGB-Zentrale. Eine Tafel Schokolade lag unauffällig neben der Kasse. Ich hatte verstanden und wartete diskret, bis niemand mehr anstand. Sechs Rubel sollte die Tafel kosten, das Doppelte des Staatspreises, was immer noch sehr preiswert ist. Dank meines lebhaften Interesses bot mir die Gute gleich noch zwei Tüten Bonbons an, was ich natürlich nicht ausschlagen konnte. Vorsichtig schaute sie sich nach allen Seiten um und flüsterte mir dann hinter vorgehaltener Hand zu, daß es übermorgen vielleicht Kaffee gebe. Oh, wie gut meint es das Schicksal mit mir!
Zwei Tage später komme ich wieder, verschmitzt zwinkert sie mir zu und legt derart an Tempo zu, daß sich die gewaltige Schlange vor ihrem Kassenhäuschen im Handumdrehen auflöst. „Skolko", wieviel, fragt sie mich zur Begrüßung mit einem Schmunzeln. „Po tschom?", zu was, grüße ich zurück, „zu welchem Preis?" „Zwölf Rubel", flüstert sie mir zutraulich ins Ohr, als wolle sie sagen, daß dieses Sonderangebot nur für mich gelte. Das doppelte des staatlichen Preises, für Kaffee so gut wie geschenkt. „Skolko moschno", wieviel kann man, setze ich unser konspiratives Gespräch fort. „Fünf kann man" nehmen, stellt sich heraus, und übermorgen vielleicht noch mehr. Unauffällig wandern fünf Dosen Kaffee aus ihrem Mantel in meine Tasche. Obwohl der Umfang ihres Bauches dem des Kassenhäuschens kaum nachsteht, legt sie eine unglaubliche Flinkheit an den Tag. „Schau übermorgen vorbei, vielleicht kann ich dir Wurst machen!" Sie hat mich in ihr breites Herz geschlossen! „Machen" heißt soviel wie besorgen.
Matjusik, meine Kassiererin aus dem Dritten tausche ich gegen keinen Eurer Supermärkte ein! Gestern hat sie mir vier Flaschen Bier „gemacht": Vier Stunden hätte ich dafür Schlange stehen müssen und dabei auch noch Kopf und Kra-

gen riskiert. Sie strahlte förmlich, als sie mir die Flaschen aus einem ihrer unzähligen Beutelchen zog. Zärtlich beugte sie sich an mein Ohr: „Komm' übermorgen unbedingt, vielleicht kriegen wir Käse!" Mit meiner bescheidenen Leibesfülle muß ich auf sie wie ein Verhungernder wirken.
Ich bin zum begehrten Mann avanciert, meine „Kontakte zum Handel" machen mich in den Augen meiner Freunde zum echten Russen. Der Devisenladen kann mir endgültig gestohlen bleiben.
Vielleicht komme ich für eine Woche nach Deutschland, ich bin hin und her gerissen. Nein, es liegt nicht am Heimweh. Es reicht mir vollauf, jede Woche in der Botschaft meine Post abzuholen. Wo haben sie nur soviel Arroganz her, soviel Wichtigkeit in einer so kleinen Botschaft? Auf Monate verleiden sie dir jedes Heimweh!
Aber da sind doch einige, die mir fehlen!
    Ich schreibe Dir bald wieder!

15.

April 1991

    Mein Guter,
ich war zu Hause über Ostern, und die Woche war viel angenehmer, als ich es erwartet hatte. Schmerzlos, freundlich. Mein Gott, diese Geschäfte! Bis oben hin voll, alles im Überfluß! Fast schon tun mir die Rentner leid, was fangen sie denn mit all ihrer freien Zeit an? Hier in Rußland sind sie den ganzen Tag über mit Einkäufen beschäftigt, von einem Laden in den anderen und zwischendurch ein kurzes (oder auch langes) Schwätzchen. Vor allem aber sind sie für ihre Familien unentbehrlich. Die ganze Versorgung liegt auf den gebrechlichen Schultern der Babuschkas, man käme nicht aus ohne sie. Was wäre der sowjetische Pensionär, gäbe es keine Versorgungsengpässe mehr!

Das ist nicht nur Zynismus, Matjusik, ein Fünkchen Wahrheit ist da durchaus dabei! Ich habe über meine „Theorie" mit vielen Babuschkas gesprochen: Die meisten waren gebeugt unter der Last der Jahre, und doch glaubte ich des öfteren ein zustimmendes, zuweilen fast spitzbübisches Lächeln in ihren vom Leben gezeichneten Gesichtern entdeckt zu haben.
Aber sehr vielen alten Menschen, vor allem den alleinstehenden, geht es sehr schlecht. In ihrem Angesicht würden mir meine Zeilen wohl im Halse steckenbleiben!
Umso mehr widert mich all der Reichtum an! Ganze Regalreihen für Tierfutter, und hier reicht es kaum für die Menschen. Da ist etwas faul, Matjusik, machen wir uns nichts vor!
Es ist, als ob du für eine Woche in einer Operette mitspielst und dann wieder nach Hause gehst. So schön das Spektakel auch war, du bist doch froh, wieder an der kalten, aber frischen Luft zu sein.
Das schönste an der Fahrt war die Rückkehr: Anna hat mich am Flughafen abgeholt, die Zöllner ließen mich unbehelligt passieren, als sie da Anna in ihrer ganzen Schönheit hinter der Absperrung auf mich warten sahen. Die Kerasows sind auf der Datscha und Anna Georgiewna war taktvoll genug, gleich nach unserer Ankunft zu ihrer Schwiegertochter nach Schukowski zu fahren.
Wir hatten die ganze Wohnung für uns, die ganze Welt, ein Festmahl aus einer Ananas und zwei Bananen, und es dauert nun schon die ganze Woche. Gesegnet seien die Datschas!
Wir haben beschlossen, zusammenzuziehen, sobald wir eine Wohnung finden. Gleich wird Anna aus der Uni zurückkommen, mach's gut, Matjusik!

16.

April 1991

Ein Unglück ist geschehen, Matjusik, ich bin aus einem wunderbaren Traum aufgewacht. Wir kamen gerade aus dem Theater, als hinter der Wohnungstür Stimmen zu hören waren: Die Kerasows sind unerwartet zurückgekehrt. Wir fuhren zurück nach Moskau, ich schnaubte vor Wut, fast war es schon Verzweiflung: Dürfen wir denn nie ungestört zusammen sein? Wann hat das Versteckspielen endlich ein Ende? Zornig auf Gott, die Welt und die Kerasows brachte ich Anna nach Hause, verabschiedete mich eilig von ihr und irrte durch die Stadt, bis ich auf dem Kasaner Bahnhof einen jener Hotelzüge gefunden hatte. Ich drückte dem Schaffner einen Schein in die Hand und zahlte für ein ganzes Abteil, wofür mir der Schuft nicht einmal das Bettzeug gab. Ich war gerade eingenickt, als man mich gegen fünf Uhr aus den Federn schmiß. In der Metro habe ich mich ausgeschlafen, auf der Ringlinie, da wirst du an keiner Endstation hinausgejagt! Einigermaßen erholt kaufte ich mir ein Billett nach Wolgograd, der erstbesten Stadt, die mir eingefallen war. Ich wollte nur weg, weit weg. Wozu soll ich in Moskau bleiben, wenn ich nicht mit Anna zusammensein kann?
Mein Coupé teilte ich mit einem Tschetschenen, wir waren zu zweit, ein sogenannter Lux-Waggon, in der Tat der reinste Luxus nach meinem Platzkart-Erlebnis. Der Tschetschene war außer sich vor Freude, als er mich als Ausländer erkannt hatte (in meiner Aufregung hatte ich vergessen, daß ich doch Lette war!). Er wollte mir sofort Gott und die Welt verkaufen und sich alles Mögliche und Unmögliche aus Deutschland mitbringen lassen. Ehe ich dem armen Mann klarmachen konnte, daß er an ein gebranntes Kind geraten war, hatte er mich schon derart mit Kognak abgefüllt, daß mir alles gleichgültig war. Schließlich fanden wir den Weg ins Zugrestaurant (und zurück!): Unsere junge Freundschaft stand vor einer dra-

matischen Bewährungsprobe, als Liwi den weiblichen Reizen unserer Tischnachbarin nicht widerstehen konnte und ich die Ärmste handgreiflich in Schutz nehmen mußte. Es endete alles friedlich mit einer neuen Flasche Kognak.
Mit zwei schweren Katern sind wir in Wolgograd aufgewacht, endlich hinaus aus dem Zug – er schaukelt so sehr!
Die Stadtrundfahrt gab mir den Rest, es ist grauenhaft, was der Krieg hier angerichtet hat: Ganze sechs Häuser sind nach der Schlacht um Stalingrad stehengeblieben. Sechs Häuser! Bis heute wächst nichts auf der Erde von damals. Der Krieg ist immer noch allgegenwärtig, nicht einmal die gewaltsam-martialische Gedenkstätte „Mutter Heimat" auf einem Hügel vor der Stadt konnte dem Schrecken seine Allgegenwärtigkeit nehmen.
Ich werde wohl noch heute zurückfahren, es ist mir nicht geheuer hier, und das Bahnhofsasyl – Gaststätte genannt – ist alles andere als einladend. Acht Personen pro Zimmer, zwei Rubel die Nacht.
Du wirst mich nicht verstehen: „Wozu das alles?" Es ist dieser Hang zum Extremen, jene „Krutost", die mit Spontanität viel zu milde übersetzt ist: Es ist eher eine Form von Besessenheit, oft wohl auch schon Wahnsinn. Und wenn du dieses Land in dich einatmest, dann kannst du dich dieser „Krutost" nicht entziehen, dieser verfluchten, selbstzerstörerischen, wunderbaren Krutost. Du wirst alles, was ich getan habe, „dumm" und „unlogisch" nennen. Aber wie unendlich fremd sind solche Begriffe wie „Logik" und „Vernunft"!
Es ist ein Fluch, der auf diesem Land haftet, ein immerwährender Fluch, der alles ins Extreme führt, Gut und Böse, Wahrheit und Lüge, Freude und Leid. Ein Fluch, der dich zerfleischt, der dich zwingt, alles bis in die letzte Tiefe zu durchleben. Ein Fluch, der keine Mitte erlaubt, der dir immer nur einen Weg läßt, wohin auch immer der führen mag.

Ja, Du kannst mich nicht verstehen, Matjusik, man muß dieses Gefühl am eigenen Leib erlebt haben in all seiner Grausamkeit, in all seiner Schönheit. Man ist ihm wehrlos ausgeliefert. Lebe wohl!

17.

Mai 1991

Matjusik,
Minsk ist eine schauderhafte Stadt. Schon in Moskau sind sie mir unheimlich, die neuen Rayone, die Stadtvierteln, in denen ein Hochhaus neben dem anderen steht. Minsk besteht ausschließlich aus derartigen Neubauten. Im „Großen Vaterländischen Krieg", wie man den Zweiten Weltkrieg in der Sowjetunion nennt, wurde die Stadt dem Erdboden gleichgemacht. Im Gegensatz zu Wolgograd haben die Stadtväter beim Wiederaufbau das Bombastische vorgezogen. Eine Stadt aus der Retorte, unheimlich und fremd – man nennt das funktionell.
Kaum aus Wolgograd zurückgekehrt, bin ich hierher nach Belorußland gefahren. Der Teufel soll Moskau holen, wenn ich dort nicht mit Anna zusammen sein kann! Alle soll sie der Teufel holen! Und so bin ich wieder auf der Flucht, zu Gast bei den Sobolewskis:
Ich habe sie vor Jahren auf einer Zugfahrt kennengelernt, als ich noch genauso wenig russisch sprach wie sie deutsch. Wir unterhielten uns mit Händen und Füßen. Schließlich tauschten wir unsere Adressen, sahen uns in Deutschland wieder – die Füße schon nicht mehr gebrauchend –, und inzwischen kommen wir auch ohne Hände aus.
Sobald wir uns nicht mehr mit Gesten, sondern mit Worten unterhielten, konnten wir uns auch schon ordentlich streiten: Gestern waren wir in Litauen, in Wilna, die ganze Fahrt über wollte mir Dmitri Sobolewski „diese unsinnige Theorie" aus-

reden, daß die Russen im Baltikum unbeliebt seien: „Alles deine westliche Propaganda!" Aber die Praxis lehrt ihn, den Hochschullehrer, leider eines anderen: „Alles besetzt", wird ihm im Restaurant „Wilna" vom Platzanweiser beschieden. Auch Larissas weiblicher Charme hilft nicht weiter. Dafür erhellt sich die Miene des Litauers augenblicklich, als ich mit meinem holprigen Russisch nachfrage: „Da ist noch 'n Lette gekommen, macht mal Tisch 12 fertig!", ruft er auf russisch seinen Kollegen zu.

In den Geschäften ergeht es uns nicht anders: Man hat mit einem Mal russisch verlernt und will den Sobolewskis nichts verkaufen ohne jene „Käuferkarte", die nur an Bewohner Litauens ausgegeben wird. Mich hingegen bedient man – auf bestem Russisch – derart liebenswürdig, daß ich überall anstandslos auch die doppelte Ration erhalte: So kommen die Sobolewskis doch wieder auf ihre Kosten. Welch Paradox, daß die Balten – von einem regelrechten Haß auf alles Russische geeint – sich untereinander nur in der Sprache eben dieses „Erzfeindes" verstehen. Und wie praktisch! Zwei Kilo Käse habe ich bekommen, geräucherten, eine wahre Delikatesse!

Heute haben wir im Minsker „Winterdorf" gepicknickt, es ist warm geworden, der Frühling ist im Anmarsch. Beim Tennisspielen – auf einem „wilden" Tennisplatz natürlich – kamen wir ins Schwitzen. Die versprochene Sauna aber fiel aus „technischen Gründen " aus.

Oh, diese „technischen Gründe": Sie sind allgegenwärtig in der Sowjetunion. Du hast endlich, nach stundenlangem Suchen, ein Café gefunden, nippst in Gedanken schon an Deiner Teetasse – und da macht ein kleines Schildchen, das an der Tür hängt, all deine Hoffnungen brutal zunichte: „Aus technischen Gründen geschlossen!" Sie sind überall zu finden, diese Schilder, überall dort, wo man gerade nicht die rechte Stimmung hat, um zu arbeiten – und die Kundschaft schlicht aussperrt.

Da fährst du durch die halbe Stadt zu einer Apotheke, in der

es angeblich ein dringend benötigtes Medikament geben soll, und sie hat geschlossen: „Sanitätstag", der allmonatliche Putztag also, nur daß weit und breit niemand putzt.
Oder es ergeht dir so wie Tamara und mir in unserer grenzenlosen Dummheit. Wir waren auf dem Arbat, der Moskauer Fußgängerzone, einem Rummelplatz für Touristen, die busweise angekarrt werden: Sie bekommen einen aufpolierten, zum Souvenirumschlagplatz verkommenen Straßenzug vorgeführt und werden später glauben, sie hätten Rußland gesehen. Auf diesem riesigen Basar brachte uns Sascha, Tamaras jüngster Sprößling, tatsächlich dazu, in der gewaltigen Warteschlange vor dem neueröffneten „American Icecream" anzustehen. Aufopferungsvoll ließ uns Tamara ziehen. Als Sascha und ich nach einer Stunde zurückkehrten, war sie kaum vom Fleck gekommen. Der Bengel überredete uns, trotzdem stehenzubleiben, schließlich habe man doch schon eine Stunde abgestanden. Abwechselnd hüteten wir unseren Platz in der Schlange, in drei „Schichten" lösten wir einander ab. Unserer eigenen Dummheit und Saschas Schläue wegen standen wir schließlich vier geschlagene Stunden, bis wir in Reichweite der Tür kamen. Auf alles Mögliche hatten wir Lust, nur nicht mehr auf American Icecream. Am Ende war es schlichter Trotz, der uns davon abhielt, beim russischen Eishändler um die Ecke ein köstliches „Eskimo" in Schokoladenglasur zu kaufen und damit demonstrativ an der Warteschlange vorbei nach Hause zu gehen. Alle möglichen zwielichtigen Gestalten ließ der Türsteher außer der Reihe passieren. Als ich wütend protestierte, zog ich mir den Zorn der schweigenden Menge zu: „Psst!", sonst lassen die gar niemanden mehr hinein!"
Da endlich, mit dem nächsten Schwung, waren wir drinnen, gerade noch, am Ziel! Und schon läuft einer mit jenem gefürchteten Schild zur Tür, es gibt plötzlich „technische Gründe", obwohl alles einwandfrei funktioniert: Nach vierstündigem Warten bekommen die Pechvögel, die hinter uns gestanden haben, statt amerikanischen Eisspezialitäten russi-

sche „technitscheskije pritschini". Eisschleckend ziehen wir an ihnen vorbei, mitfühlend und „American Icecream" auf immer und ewig verfluchend.
Da ließ sich die geschlossene Sauna schon leichter verdauen. Heute Abend fahre ich zurück nach Moskau, Richtung Ungewißheit.
Alles Liebe!

18.

Mai 1991

Matjusik,
ich schwöre Dir , ich weiß es genau, ich bin der glücklichste Mensch auf dieser Erde: Du kannst es dir nicht vorstellen! Wir haben eine Wohnung, rechtzeitig zu meinem Geburtstag! Verzagt steige ich in Moskau aus dem Zug, da steht schon Anna am Bahnsteig, fällt mir um den Hals und redet etwas von „Wohnung" und „gefunden". Ich wirble sie durch die Luft, bis es uns schwindlig wird.
Es folgt ein ernstes Gespräch mit ihrem Vater, dem nichts anderes übrigbleibt, als sie ziehen zu lassen. Und noch eine Geduldsprobe steht an: Unsere zukünftigen Vermieter – Bekannte der Eltern – sind nicht aufzutreiben, noch nicht zurückgekehrt von der Datscha. Endlich erreichen wir sie, ich fahre mit Annas Mutter in die neue Wohnung, ein kleines Zimmer mit Küche und Bad am Stadtrand, ein Paradies. Wann ich einziehen will? „Was? Heute schon?" Die Vermieterin zieht die Augenbrauen zusammen. „Ach so, Sie haben morgen Geburtstag!" Überredet. Gemeinsam gehen wir daran, die Wohnung bewohnbar zu machen: Wo vor Jahren die Großmutter gelebt hatte, fristen heute nur noch Kakerlaken ihr einsames Dasein.
Mit dem neuen Schlüssel in der Tasche fahre ich nach Ljuberzy, eröffne den verdutzten Kerasows, daß ich ausziehe,

beruhige sie notdürftig, daß ich es ungern tue, und packe in aller Eile die nötigsten Sachen zusammen. Nochmals entschuldige ich mich, „angle" Gott sei Dank gleich ein Taxi und fahre zurück nach Orechowo-Borisowo.
Die Vermieter sind schon gegangen, am Telefon beschreibe ich Anna die Wohnung, morgen wird sie kommen. Was für ein Geburtstagsgeschenk!
Die ganze Nacht über putze und schrubbe ich wie eine passionierte Hausfrau, bringe alles – nein, nicht auf Hochglanz, aber doch ein wenig in Schuß. Gegen Morgen schlafe ich ein.
Anna klingelt, sie ist da: Ein neues Leben hat begonnen: Wir feiern alleine, fahren zuerst ins „Praga", dann auf die Leninberge, ganz Moskau liegt zu unseren Füßen, klein und unbedeutend in der Frühlingssonne. Anna schaut mich ungläubig an, als ich für sie koche, wir haben unser eigenes, kleines Reich, einen schöneren Geburtstag wird es nie geben. Auf daß es Dir kein bißchen schlechter ergeht!

19.

Juni 1991

Matjusik,
es ist schon spät nach Mitternacht, aber draußen scheint immer noch die Sonne: Die „Weißen Juli-Nächte" von Leningrad. Seit zwei Tagen sind wir hier in „Pieter", wie die Russen ihre alte Hauptstadt nennen. Anna sitzt neben mir und löst Integralgleichungen, ihrer unglückseligen Examen wegen.
Wir leben prächtig zusammen, jeden Tag entdecken wir neue Welten, machen uns miteinander vertraut. Anna hat gerade ihre „Sessia", ihre Abschlußprüfungen, der gewohnte Nervenkrieg nach jedem Semester, im Juni und im Dezember. Mal himmelhochjauchzend, mal am Boden zerschlagen

kommt sie nach Hause. Ich bin nervöser als sie selbst, erbost über diesen Dozenten, der ihr nun schon zum zweiten Mal eine „Zwei" in angewandter Mathematik eingetragen hat, ein „mangelhaft" also. Ein Schuft ist er, hinterhältig und gemein! Und da steht sie freudestrahlend in der Tür, eine Drei, geschafft. Bald schon beginnt alles von vorne, wieder irgendeine Zwei, die ich (!) aber schon viel gelassener verkrafte. Dann ihr Geburtstag, bis zum letzten Augenblick weiß ich nicht, ob meine Überraschung gelingen wird. Am Vorabend gehen wir kurz aus dem Haus. Ich bleibe vor einem riesigen Militärjeep stehen und schlage vor, ihn zu knacken. Anna ist einverstanden. Ich mache mich am Schloß zu schaffen, sie schüttelt lachend den Kopf, und schon ist die Tür offen. Ich ziehe an allen möglichen Drähten, stutzig schaut sie mich an, bis ich den Zündschlüssel aus der Tasche ziehe und ihr reinen Wein einschenke: Ich habe mir dieses Ungetüm von einem Auto heute früh „geborgt", Viktor Pawlowitsch, der Volksdeputierte, machte es möglich. Wir fahren los, Anna ist außer sich vor Freude und springt mir in einem fort um den Hals, mit Müh und Not lenke ich den UAZ durch den haarsträubenden Moskauer Verkehr: Es sind keinerlei Anzeichen für die Existenz jedweder Regeln auszumachen: Ständig wirst du links und rechts überholt, man wechselt nach Herzenslust die Spur, ohne einen Gedanken daran zu verschwenden, daß da ja auch noch andere Autos unterwegs sein könnten.

Wir wollen tanken, stehen eine Stunde lang an, und als wir schon fast drankommen, gehen die Lichter aus: Es gibt kein Benzin mehr. Neue Tankstelle, neues Glück. Zwei Stunden später haben wir unseren Tank tatsächlich voll. Am nächsten Morgen fahren wir mit dem herzerweichenden Kübel in die Stadt. Er macht dem Ruf der sowjetischen Autos sogleich alle Ehre: Kaum vom Fleck, gibt er seinen Geist auf – die Kupplung. Mit Müh und Not schaffen wir es bis zu Viktor Pawlowitsch. Wir warten auf den Mechaniker und decken uns mit Büchern ein: Die begehrtesten Ausgaben, nach denen man in den Buchläden vergeblich sucht, türmen sich hier im

Regierungshotel in den Regalen: Das Interesse der Volksvertreter scheint sich in Grenzen zu halten.
Schließlich empfiehlt uns Pawlowitsch das Restaurant im dritten Stock: Der Mechaniker hat nach zähem Kampf vor den Tücken der sowjetischen Technik kapituliert, wieder müssen wir uns gedulden. Endlich hat man uns einen anderen Jeep aus dem Fuhrpark des Obersten Sowjets besorgt: Nur der Tank ist fast leer, das gestrige Anstehen war umsonst. Und wir dürfen nun dieses Vergnügen heute, an Annas Geburtstag, wiederholen. Fast schon neidisch schiele ich auf die Fußgänger: Ihre Metro fährt mit Strom.
Im schönsten Platzregen rollen wir durch Moskaus Pfützen, keine ist zu tief für unseren UAZ. Annas Cousin ist außer sich vor Freude über unsere „Spritz-Tour", was man von ihren Eltern nicht behaupten kann: Hoffnungslos verspätet kommen wir an, die versammelte Verwandtschaft hat sich bereits bis zum Dessert vorgearbeitet. Und zu allem Überfluß machen wir uns bald darauf schon wieder davon – der Zug nach Leningrad wartete.
Von wegen! Und es hätte ja fast schon etwas gefehlt, Matjusik, hätten wir ihn nicht verpaßt. Maßlos verärgert über das eigene Ungeschick ließ ich mich schließlich von einem der Schaffner übers Ohr hauen. Für zwei Plätze als „blinde Passagiere" zahlten wir das Fünffache des offiziellen Preises. Aber dafür sind wir schließlich doch noch nach Leningrad gekommen! Und wir kamen nicht umhin, mit einem Chinesen Bekanntschaft zu machen, der mir ein Fläschchen Pfefferminzöl schenkte: „Very fresh" nannte er es, seinen gesamten Englischwortschatz ausschöpfend, und auf den Filter einer Zigarette getropft macht diese fernöstliche Tinktur ihrem Namen alle Ehre.
Wir wohnen bei den Muratows, Freunden von Annas Eltern. Ihre Wohnung ist nicht groß, und so „müssen" Anna und ich notgedrungen ein Zimmer teilen. Die Muratows sehen es gelassen – auch die Wohnungsnot hat ihre guten Seiten!
Heute Nachmittag war ich in Pawlowsk. Im dortigen Park hat

sich seit Dostojewskis „Idiot" nichts verändert, es ist, als würde Nastasija Philipowna gleich zwischen den Birkenstämmen erscheinen, in ihrer blassen, fiebernden Schönheit, bezirzt vom rasenden Rogaschin.
    Müde umarmt Dich
    Dein B.

20.

Juni 1991

    Matjusik,
Riga! Die Sonne, der Strand und das Meer – vor dessen Betreten das Gesundheitsamt strengstens warnt. Die ganze Küste ist von Kiefernwäldern gesäumt, sie nehmen dem Tag seine Grellheit, hüllen alles in ein sanftes, freundliches Licht. Die Dörfer haben ein gewaltiges Dach aus Bäumen. Die Ruhe und die Dickfelligkeit dieser Riesen scheinen sich auf die hier lebenden Menschen abgefärbt zu haben, ein ungewohnter Friede liegt auf diesem Fleckchen Erde. Die Letten sind uns freundlich gesinnt, schließlich halten sie mich für einen Litauer. Wie vielseitig verwendbar doch mein Akzent ist!
Wir haben eine ganze Wohnung für uns alleine, die Hausherren, Freunde von Annas Eltern, sind auf ihrer Datscha. Was in Deutschland die großen Hotelketten sind, ist hierzulande der Freundeskreis: Wer etwas auf sich hält, hat in jeder größeren Stadt gastfreundliche Bekannte. Die Moskowiter haben es besonders leicht, sie sind „begehrt", und alle Türen stehen ihnen offen: Schließlich kann man nie wissen, wann man später selber einmal eine Unterkunft in der Hauptstadt braucht. Uns dagegen zieht es nicht sonderlich zurück! Wenn Gott – und die deutsche Botschaft – will, zeige ich Anna bald mein altes Zuhause!

21.

Juli 1991

Matjusik,

wir sind wieder in Moskau! Ein Nervenkrieg um Annas Auslandspaß hat begonnen, jeden Tag fahren wir ins Paßamt, um der Amtsvorsteherin auf den Nerven herumzutanzen. Wir besänftigen sie mit Pralinen.

Eine schwüle Hitze lastet wie ein Schleier über Moskau. Man will gar nicht glauben, daß es die gleiche Stadt ist, die den ganzen Winter über unter einer knirschenden Schneedecke begraben liegt. Der chronisch überfüllte, aus allen Ecken platzende Moloch wirkt mit einem Mal leer: Wer es sich irgendwie leisten kann, flüchtet vor der Hitze, dem Staub und dem Smog auf seine Datscha oder in den Süden. Selbst die Kerasows mit ihren bescheidenen Einkünften lassen sich ihren Sommerurlaub auf der Krim nicht nehmen – und wenn sie sich das nötige Geld das ganze Jahr über vom Mund absparen müssen.

In den Nächten wird es jetzt nie mehr völlig dunkel – so nördlich liegt Moskau. Ich schlafe, wann immer ich Lust dazu habe, mal tagsüber, mal nachts. Nur das „Studium" bei Jelena Petrowna unterbricht gelegentlich meinen neuen Lebensrhythmus.

In Gedanken sind wir schon bei der großen Fahrt – wenn sie denn jemals losgeht: Annas Vater ist Offizier, vielleicht kriegen wir den Paß nie. Notfalls bleibt nur das Schwarze Meer. Viktor Pawlowitsch hat gestern angerufen, gegen drei Uhr nachts und stockbetrunken: Ein neues Zollgesetz soll in Kraft treten, das die Einfuhr von Autos sehr teuer macht. Schreiend und fluchend will mich Pawlowitsch überreden, ihm auf die Schnelle noch einen Mercedes zu besorgen. Als ich mich kategorisch weigere, noch in der gleichen Nacht loszufahren, schmeißt er wutschnaubend den Hörer. Zuweilen verstehen wir einander nicht. Zwischen Hoffnung und Verzagen grüßt Dich B.

22.

Juli 1991

Matjusik,
was für ein Glück, wir haben es geschafft, morgen fahren wir, ich kann es noch kaum glauben. Alles hing am seidenen Faden. Im Paßamt habe ich – mehr aus Verzweiflung denn aus Mut – einen „Skandal" vom Zaun gebrochen, wie man das hierzulande nennt.
Über eine Stunde lang hatten die müden Staatsdiener unsere fünfzigköpfige Warteschlange gar nicht erst bemerkt: Es arbeitet sich so schlecht bei dieser drückenden Hitze. Empört über meinen Aufstand schnaubte mich der geplagte Apparatschik – gerade vom Kaffeeklatsch zurückgekehrt – an: „Was wollen Sie von mir!? Ich war nicht mal fünf Minuten weg! Stimmt das etwa nicht?", fragt er drohend in die Menge, und niemand hat den Mut, den Mund aufzumachen. Aufrichtige Empörung zuckt über sein wohlgenährtes Gesicht: „Na, sehen Sie!", hält er uns höhnisch triumphierend entgegen, und nur der merklich vermehrte Schweiß auf seiner Glatze verrät seine Anspannung. Pasport ade?
Als wir schon glauben, wir sollten uns hier wohl lieber nicht mehr blicken lassen, fängt der Staatsdiener – erschrockener, als wir hofften – auf einmal an, in seinen gewaltigen Papierbergen zu wühlen. Als ich dann auch noch meinen „Freund Viktor Pawlowitsch vom Gesetzgebungsausschuß" erwähne, ist er nicht mehr zu bremsen. Er beißt sich förmlich in seine Papiere, der Beste wird zur Höflichkeit in Person. Die Unordnung müsse man ihm ebenso verzeihen wie die Kaffeepause, das schwüle Wetter mache einem schließlich zu schaffen, und dann noch all der Pöbel vor der Tür.
Wo ein Willen ist, ist auch ein Weg: Unser Apparatschik wurde fündig, es stellte sich heraus, daß Annas Paß schon lange fertig war und man ihn nur nicht finden konnte – oder nicht wollte. Auf den Putz zu hauen hatte mehr geholfen als all die Pralinen für die Chefin – man ist daran weniger gewöhnt.

Unser frischer Mut wird in den Eisenbahnkassen sofort wieder abgekühlt: Die Warteschlangen wachsen ins Unendliche. Wir reservieren in fünf verschiedenen einen Platz, fahren von einer Verkaufsstelle zur anderen. Plötzlich eine Durchsage: „Deutschlandreisende bitte nicht mehr anstehen, alle Tickets sind ausverkauft!" Die eine Hälfte geht entnervt nach Hause, die andere bleibt trotzig stehen. Zu letzterer schlagen auch wir uns. Es ist kurz vor sechs, in zehn Minuten Feierabend. Die Frau vor uns kommt gerade dran, alles zieht sich unendlich in die Länge, jede Minute wird zu einem Martyrium. Die Kassiererin verrechnet sich, alles beginnt noch einmal von vorne: Die Tickets werden in vierfacher Ausfertigung von Hand geschrieben. Der Minutenzeiger rückt unbarmherzig der 12 entgegen: ein Gong, Schluß, aus, Feierabend. Ich bin am Ende, den Tränen und einem Nervenzusammenbruch nahe.

Das ganze von vorne, wenn wir überhaupt noch einmal so nah in Reichweite der Kasse vordringen. Man muß uns unsere Verzweiflung angesehen haben. Mit einem Mal huschte ein Lächeln über das Gesicht der Kassiererin: „Jetzt warten Sie doch erst einmal!" Und dann nimmt uns dieser Schatz doch tatsächlich noch dran! Nur die Plexiglasscheibe hielt mich davon ab, ihr um den Hals zu fallen. Eine Fahrkarte nach Prag – ein Himmelreich!

Das Kontrastprogramm ließ nicht lange auf sich warten: Die deutsche Botschaft bestellte es: Zuerst will man uns überhaupt nicht hineinlassen, schließlich müssen wir unzählige Kaffeepausen und unverschämte Bemerkungen über uns ergehen lassen, bevor sich eine der Herrschaften herabläßt und Annas Visaantrag bearbeitet. Wozu sollte man auch hetzen, am Ende würden sich noch die gewaltigen Warteschlangen vor dem Botschaftstor auflösen.

Endlich ist der Papierkrieg beendet, da sitzen wir nun und packen, verzeih' mir meine Eile!

23.

September 1991

Matjusik,

wir sind zurück aus Deutschland, sei mir nicht böse, daß ich dir die ganze Zeit nicht geschrieben habe.

Es war eine weite Reise, du fährst zwei Tage im Zug, und steigst in einer anderen Welt aus: Als wir in Wien – gerade eben angekommen – vor dem Stephansdom stehen, hat Anna Tränen in den Augen. Wie aus einem Märchen scheint ihr diese Stadt, berauschend, unwirklich fast. Und doch – es ist auch eine fremde Welt für sie, unverständlich, beängstigend in vielem.

Selbst im Alltag gilt es jeden Tag neue Schwierigkeiten zu überwinden: Da gibt es in den Geschäften doch tatsächlich alles, was man sich nur vorstellen kann, aber dann läßt es sich nicht öffnen: Zu gewöhnungsbedürftig sind unsere Einwegverpackungen.

Das Leben zieht leise an uns vorbei, wir scheinen gar nicht zu bemerken, daß all die kleinen Widrigkeiten des sozialistischen Alltags plötzlich fehlen, Moskau ist unendlich weit weg, mit all seinen Warteschlangen, seinen überfüllten Metro-Waggons, seinen arroganten Apparatschiks und der bedrückenden Anonymität seiner Plattenbauweise. Fast hatte es den Anschein, als würde unser Urlaub nie enden.

Und in der Tat wäre es fast wirklich so gekommen: In aller früh holt mich mein Bruder aus den Federn, ein Putsch in Moskau. Ich halte es für einen schlechten Scherz, bis ich das Radio andrehe. Uns bleibt die Luft weg. Drei Tage zittern, ständige Anrufe bei Annas Eltern, die unsere Aufregung gar nicht verstehen: „Was soll schon groß geschehen?" Eine riesige Wut, all das nah Geglaubte mit einem Mal in weiter Ferne. Zur Untätigkeit verurteilt. Der eiserne Vorhang plötzlich wieder zugefallen, und wir durch eine Laune des Schicksals auf einer der beiden Seiten. Und da zieht es uns plötzlich zurück nach Moskau, da werden all die westlichen Ange-

nehmlichkeiten mit einem Mal zur Langeweile, zu einer Art von Stillstand, dem es zu entweichen gilt. Wir wollen zurück! Ehe wir uns entscheiden, was zu tun ist, kommt die erlösende Nachricht, der Spuk ist vorüber. Ein tiefes Aufatmen, die Sorge, daß nichts so bleiben wird, wie es war, und das Heimweh, das die Russen „Nostalgie" nennen.
Und so machen wir uns auf den Rückweg. Ein kleiner Käfer läuft uns über den Weg, 20 Jahre alt, ein Prachtexemplar. Es ist Liebe auf den ersten Blick. Der Gute hat einen langen Weg vor sich. Wir testen ihn auf Herz und Nieren, und dann ziehen wir los, Anna, mein Freund Markus und ich.
Der Abschied fällt schwerer als erwartet. Ohne Pause fahren wir Tag und Nacht durch – Salzburg, Wien, Budapest, Miskolc, wo wir uns ein letztes Mal mit billigen Bananen eindecken. Da endlich die Grenze. Martialisch, bis auf die Zähne bewaffnet, unheimlich. Wir sind wieder da. Ein mulmiges Gefühl macht sich im Magen breit. Der sorgsam unterdrückte Zweifel, ob du nicht doch lieber kehrtmachen solltest. Gründlich wird unser Käfer inspiziert, noch gründlicher die Papiere. Es ist uns nicht wohl zumute, als man einen Dolmetscher holt. Der Stempel vom Arbeiter-Samariter-Bund, mit dem Markus den Kaufvertrag „notariell beglaubigt" hatte, war nicht ganz passend. Gebannt sehen wir zu, wie sich der Übersetzer in unser „Dokument" vertieft. Die Kalaschnikow in den Händen des Grenzsoldaten hat mit einem Mal etwas Bedrohliches. Der „Sprachgelehrte" hält sich den Wisch noch einmal dicht unter die Nase – es scheinen tatsächlich lateinische Buchstaben zu sein. Er zuckt ratlos mit den Schultern und winkt dem Zöllner enttäuscht ab: „Vsjo choroscho!" Alles in Ordnung!
Man schraubt uns zum Abschied die deutschen Zollkennzeichen ab, der Schlagbaum öffnet sich, und wir sind wieder da. Wie lieben wir euch, holprige Straßen, aneinandergereihte Hochhäuser und allgegenwärtiger Verfall! Wir haben uns wiedergefunden, und nur Markus und der Käfer sind leicht entsetzt.

Im Postamt von Tschop, der Grenzstadt, erwartet uns die erste Überraschung. Die Zahlungsanweisung von Annas Eltern habe man zwar bekommen, aber man könne sie uns nicht auszahlen. Warum? Hartnäckiges Schweigen. Man scheint schlecht bei Kasse zu sein. Und wären wir keine „Intouristen" mit Devisen, sondern gewöhnliche Russen gewesen, so säßen wir wohl heute noch ohne eine Kopeke in der ukrainischen Prärie.
Auf dem weiteren Weg schwand unser Weinvorrat zusehends: Nein, wo denkst du hin, Matjusik! Nicht wir! Mit den „guten französischen Tropfen" erweichten wir die Tankwarts, ihr kostbares Naß herauszurücken. Auch eine Meinungsverschiedenheit mit der Verkehrspolizei – es ging um die Geschwindigkeit- ließ sich mit einer Flasche Rotwein bereinigen.
Langsam, aber stetig rollten wir Moskau entgegen. Lemberg, Rowno, Kiew, die Straßen wurden immer schlechter, die Schlaglöcher immer tiefer. Da kommt es schon einmal vor, daß eine Autobahn abrupt in einer Sandpiste endet.
Wir haben Glück, das Benzin – genauer genommen also der Wein – geht uns nicht aus. Nachdem wir vor Moskau zwei Stunden auf der Autobahn im Stau stehen – es ist Herbst, die Moskowiter bringen die Ernte von ihren Datschas in die Stadtwohnungen – kommen wir erschöpft Zuhause an. Ein wenig verkommen wirkt sie, die „Hauptstadt der sowjetischen Heimat", nach Wien und Budapest: vernachlässigt, und doch geliebt.
Der allgegenwärtige Schmutz und Dreck, der einem früher gar nicht mehr aufgefallen war, sticht in die Augen, das vergammelte, nach Müll stinkende Treppenhaus, die Lethargie in den Gesichtern. Es wird einige Zeit brauchen, bis wir wieder heimisch werden.
Die Wirklichkeit hat uns im Handumdrehen eingeholt: Der Käfer muß verzollt werden, ein dreitägiger Spießrutenlauf beginnt. Die Zolldirektion liegt im Norden Moskaus, die Zollkasse im Zentrum und das Zulassungsamt – höhnisch „Auto-

service" genannt – zwanzig Kilometer weiter im Süden. Eine endlose Rallye durch die stauverstopften Straßen, und da wir ohne Nummernschild unterwegs sind, machen wir innige Bekanntschaft mit allen Posten der Moskauer „GAI", der Verkehrspolizei.
Regelmäßig fehlt irgendein Stempel auf irgendeinem Papier, und wieder geht es in ein anderes Ende der Stadt. Markus beklagt sich bitter, statt Kreml und Bolschoi-Theater standen bisher nur Zoll und GAI auf dem Programm. Es ist ein ausgefeiltes System, mit dem man die glücklichen Autokäufer durch ganz Moskau jagt. Eine Art Trotzreaktion: Wer sich schon ein Auto leisten kann, soll gefälligst seinen Ärger damit haben.
Als der Käfer endlich russifiziert ist, darf ich unser Prachtstück nicht mehr lenken: Er ist auf Anna angemeldet, und sollte ich ohne ihre Begleitung am Steuer erwischt werden, gilt er als gestohlen und ich als Autodieb. Ein dicker Zollstempel verhindert „Weiterverkauf oder Weitergabe an dritte Personen".Der Traum von den eigenen vier Rädern – er wäre für Rußland zu schön, um gänzlich wahr zu sein.
Gänzlich wahr – nicht allzu schön jedoch – ist dafür unsere liebe Klara Romanowna. Sie hat einen neuen Spitznamen: „Kalaschnikowa" hat sie Markus getauft, zu Ehren der 100 Silben, die sie pro Sekunde von sich gibt. 20 Mark hat sie ihm abgeknüpft, „Gebühren für die Ausländerbehörde", die angeblich Markus' Paß abstempeln soll. Einen Tag später ruft sie wieder an, sie brauche den Paß nicht, der Stempel sei gar nicht mehr notwendig. Und da ist Kalaschnikowa dann plötzlich nicht mehr zu erreichen, und mit ihr das Geld.
Morgen fahren wir nach Leningrad, „SIGHTSEEING" mit Markus, nach all den Behörden sind wir ihm das schuldig. Warum schreibst Du nicht?

24.

Oktober 1991

Matjusik,
verzeih mein langes Schweigen!
Markus ist schon wieder in heimische Gefilde zurückgekehrt.
Wir kennen inzwischen sämtliche Leningrader Schallplatten-
und Souvenirläden.
Kaum war er weg, mußten wir umziehen: Unsere Vermieter
hatten der Versuchung nicht widerstanden und eine kräftige
Mieterhöhung verlangt. 1000 statt 500 Rubel, vier statt zwei
Monatsgehältern, 100 statt 50 Mark, für Moskau ein unver-
schämter Preis. Aber Annas Eltern hatten für uns gleich eine
neue Bleibe gefunden, die Wohnung eines Schulfreundes, in
der wir es uns nun heimisch machen.
Wir wollen nach Tiflis fliegen. Immer wieder haben wir die
Reise verlegt. Wegen der Unruhen dort und den Bedenken
von Annas Eltern. Jetzt können sie uns alle gern haben! Wir
fliegen, es gilt, die letzten Herbsttage auszukosten! Von
einem Freund Annas, der mir einigermaßen ähnlich sieht,
habe ich mir den Paß geliehen: Die Ausländertickets kosten
ein Vermögen, und mit den Kontrollen ist man inzwischen
strenger geworden. In zwei Tagen wird es losgehen!
Gestern hatten wir einen Putschhelden zu Gast: Fasi, ein Stu-
dienkollege von Anna. Heute noch kommt er ins Schwärmen, wenn er an die Barrikaden vor Jelzins Weißem Haus
denkt. „Schön war es, eine Party fast." Die Präsidentengarde
versorgte die versammelten Demonstranten großzügig mit
Wodka, den man natürlich brüderlich mit den Panzerbesat-
zungen teilte. Am Ende, so Fasi, waren beide Seiten alles
andere als kampfbereit, Alkoholleichen genauso wie die
Junta, die zu diesem Zeitpunkt ihre letzten Stunden im Kreml
fristete. Die „Verteidiger der russischen Demokratie" waren
fast schon enttäuscht, als das ganze Spektakel nach drei
Tagen vorüber war. Ein Putsch auf russisch, schlecht inszeniert und im Wodka ertrunken!

Matjusik, zwei Wochen nach der Rückkehr haben wir uns wiedergefunden: Moskau und ich. Das Leben ist noch lebendig hierzulande. Ob das die Verkehrspolizisten sind, mit denen sich immer handeln läßt, die Pensionäre, die sich im Bus zanken, oder die allgegenwärtigen „Alkaschs", Alkoholiker: Alle sind sie echt, nicht gespielt, nicht inszeniert, in all ihrer Grobheit und all ihrem Elend. Jeder für sich genommen. Und seien es die Kassiererinnen, die dich zum Teufel und weiß Gott wohin schicken, wenn du wieder einmal nicht rechtzeitig dein Wechselgeld abgezählt hast oder es wagst, den Mund aufzumachen, wenn sie ein viertelstündiges Schwätzchen mit der Kollegin halten. So wütend du auch auf sie bist, sie sind echt. Genauso wie die Verkäuferinnen, die unwillig Wurst und Käse zerlegen und auf ihren – früher einmal weißen – Schürzen nicht ohne Stolz die „Abtupfer" vom Warensortiment der letzten Monate zur Schau tragen. Wenn sie dir wirklich einmal zulächeln sollten, wirst du wissen, daß sie es aufrichtig tun. Nicht so wie jene roboterhaften „Vergelt's Gott"-Verkaufsmaschinen, die einem regelrecht Angst einjagen mit ihrer strotzenden Freundlichkeit. Die sterile, garantiert gefühlsfreie Atmosphäre deutscher Geschäfte ist mir suspekt. Notfalls ziehe ich die russischen „Magazine" vor – mit ihrer diskreten Duftnote aus Fisch, Fleisch und Desinfizierungsmitteln, den überall auf den leeren Regalen vor sich hin dösenden Katzen und den Alkoholleichen, die im Winter neben den Heizrohren ihr Mittagsschläfchen halten.
Das Ganze hat aber auch – wollen wir ehrlich sein – einen Haken: Es gehört fast schon zum guten Ton in der Sowjetunion, seine Kunden anzuschreien und zu beleidigen. Eine „gute" Verkäuferin, die etwas auf sich hält, hat unfreundlich zu sein.
Dieses Land ist derart überverwaltet worden, daß man anfing, sich einen Dreck um Verwaltung und Ordnung zu scheren. Diese Anarchie in den Köpfen, diese lethargische, gleichgültige Einstellung zu allem und jedem bringt dich oft in Rage, ja in Verzweiflung. „Nu i schto?" – „Na und?" – sowie

61

„A mnje kakoje djela" – „Was geht's mich an" – sind die Phrasen, mit denen die egozentrische und oft auch feige Gleichgültigkeit überall zum Vorschein kommt. Wenn vor deinen Augen in der Metro ein Betrunkener eine Frau betatscht: „A mnje kakoje djela!". Wenn einem Blinden im Laden statt einem Kilo nur ein Pfund Zucker abgewogen wird: „Nu i schto?". Sich herauszuhalten ist das oberste Prinzip, nur keine Schwierigkeiten. Wenn du in solchen Situationen selbst den Mund aufmachst, kann es dir leicht geschehen, daß deine Umgebung tatsächlich aus ihrer Gleichgültigkeit erwacht: Nicht etwa, um den Übeltäter zurechtzuweisen, sondern empört, daß du dich „in fremde Belange" einmischst. Die „Intelligenzia" nutzte diese schaurige Gleichgültigkeit, um sich ihre Freiräume zu schaffen. Die staatstragenden Ideale bekam man derart penetrant und aufdringlich eingetrichtert, daß sie durchschaubar wurden, lächerlich fast schon. Sie verkamen zur hohlen äußeren Form, in deren Inneren man seine Freiheiten hatte. So konnten sich viele ihre Eigenständigkeit bewahren, sind Individuen geblieben. Man stand nicht unter Dauerbeschuß von Radio, Fernsehen und Schaufenstern, denen wir oft hilflos ausgeliefert sind. Zu raffiniert, zu suggestiv vermittelt man uns im Westen die gewünschten Ideale, die Freiräume sind uns zunehmend verwehrt.
Anfangs fehlten sie mir fast hier in Moskau: all die Schaufenster, Wandreklamen und Leuchtschriften. Selbst im Fernsehen gibt es keine Werbepausen. Nur gelegentlich verliert sich eine schüchterne, blasse Reklametafel auf das Dach eines Hauses: „Das Schicksal der Perestroika liegt in unseren Händen!" Die Augen suchen verzweifelt nach etwas Buntem, verirren sich im Grau der Häuser. Aber inzwischen ist es zur wahren Wohltat geworden: Der Blick ist frei für das Eigentliche, für den Charme der Eintönigkeit, die Vielfalt der Grautöne, die Atmosphäre der Stadt, ihre leise Melodie.
Aber leider hat man auch hier nur selten ein Auge für all das, man rennt, mit Plastiktüten beladen, an den Reizen der Stadt vorbei von einem Geschäft ins nächste.

So auch wir, auf der Suche nach Geschenken für unsere
Freunde in Georgien. Mach's gut, Matjusik!

25.

Oktober 1991

Matjusik,
Tiflis, ein von Gott verwöhntes Fleckchen Erde. Und was
machen sie daraus! Die Natur gibt den Georgiern alles im
Überfluß, zumal jetzt im Herbst, und sie kommen zu keinem
Frieden!
Unsere Ankunft war turbulent, Surab Schwazabaja, ein Professor und Freund Nikolais, gab „zu Ehren unserer Ankunft"
ein wahres Festmahl, und zur gleichen Zeit wartete Nita
Tabidse mit einem „Begrüßungsessen" auf uns. Der Urlaub
beginnt mit einer Nervenprobe: Es gilt, niemanden zu beleidigen, aber statt dessen scheine ich sie beide gekränkt zu
haben. Auf georgisch wird geschrien und gezankt, wir sind
mit unserem Latein – unserem Kyrillisch – am Ende! Nein,
Matjusik, es hat nicht am vielen Wein gelegen! Endlich war
man zu einem Kompromiß gekommen: Nachts um eins fuhren wir zu Nita Tabidse, alles begann von neuem, die endlosen Trinksprüche, die Lieder. Was für ein Land! Wir bleiben
bei Nita, sie mit ihren 72 Jahren hat uns unter keinen
Umständen an Surab abtreten wollen. Fast schon ein Glück,
daß Nikolai gerade im Urlaub ist!
Bis kurz vor sechs Uhr plaudern wir noch mit unserer Gastgeberin in der Küche, bis uns allen die Augen zufallen. Nita
wohnt in einem Museum. Im Zeichen von Glasnost ist es
eröffnet worden als Gedenkstätte für ihren Vater, den georgischen Dichter Tizian Tabidse. 1938 war er mitten in der
Nacht von Stalins Schergen aus dem Schlaf gerissen und verhaftet worden. Erst zwanzig Jahre später erfuhr Nita, daß er
damals auf der Stelle erschossen worden ist. Der Familie ließ

man ein kleines Zimmer in dem Haus, das ihr einst gehörte. Den Krieg durchleben sie am Rande der Armut. Die Hilfe eines jungen Moskauer Dichters hält sie aufrecht, ein enger Freund Tizian Tabidses, der zu ihnen steht: Boris Pasternak. Inzwischen sind die Tabidses rehabilitiert, Nita ist ein klein wenig mit ihrem Schicksal versöhnt.
Viele Bände gäbe es über sie zu schreiben. Alle würden sie ihr nicht gerecht werden! In ihrem fortgeschrittenen Alter hat sich Nita die Lebensfreude und die Fröhlichkeit eines jungen Mädchens bewahrt, ansteckend in ihrer Spontanität, manchmal schon ein klein wenig hilflos in ihrer „Dobrota": Es gibt keine Entsprechung für dieses russische Wort, das mit „Güte" nur unzureichend übersetzt ist. „Dobrota" ist eher eine – nicht unbedingt religiöse – Nächstenliebe, ein Wohlwollen den anderen gegenüber, das Streben, Gutes zu tun, und sei es nur Herzlichkeit. Ist es nur ein Zufall, daß es dafür im heutigen Deutsch kein Wort mehr gibt?
„Mache nichts zu einer Religion, lebe, um Gutes zu tun", schrieb Boris Pasternak der kleinen Nita in den dreißiger Jahren, als sie von der Schule ging. Sie hat sich diese Worte zu Herzen genommen.
Bis heute hat Nita keinerlei Verhältnis zum Geld, das für sie schlichtes Papier ist, nur zu gebrauchen, um jeden Tag seinen Tee und sein Brot zu haben: Hat sie gerade mehr, verschenkt es Nita, hat sie weniger, bekommt sie es geschenkt.
Es herrscht ein ständiges Kommen und Gehen in Nitas Wohnung, die Tür steht bis spät in die Nacht offen. Halb Tiflis schaut hier auf eine Tasse Tee und eine Zigarette vorbei und schüttet Nita das Herz aus.
Wir sind erleichtert, als sie uns ohne weiteres im gleichen Zimmer schlafen läßt. Sie zwinkert mit den Augen: „So genau haben wir das nie genommen. Die heutige Jugend ist da viel strenger als wir damals!"
Überhaupt scheinen die Zeiger der Zeit hier im Kaukasus rückwärts zu laufen. Nach der Blütezeit der zwanziger Jahre

und der Stagnation in den nachfolgenden Jahrzehnten nimmt jetzt der Nationalismus rapide zu. Ein unterschwellig immer vorhandener religiöser Fanatismus kommt wieder zum Vorschein, Wertvorstellungen, über die Nitas Generation schon weit hinaus war. Eine mittelalterliche Geisteshaltung – und die ständige Jagd nach allem Westlichen, von der Kleidung über Kosmetika bis hin zum deutschen Auto. Die georgischen Männer! Zigaretten- und Ausgehverbot für die Frauen („Weib, schweig, wenn Männer miteinander sprechen") und abends, zu einer Dose holländischem Bier, aufgewärmtes „Sex and Crime" aus Hollywood! Itsos chlee! Leben und leben lassen!

Von der orientalischen Altstadt können wir nicht genug bekommen. Auch hier ist die Zeit stehengeblieben, in den verwinkelten Gäßchen mit ihren engen, lebhaften Hinterhöfen. Schreiende Kinder, klatschende Großmütter und schimpfende Väter, eingerahmt von weißer Bettwäsche, die immer und überall zum Trocknen aushängt. Ein Hauch Vergangenheit liegt in der Luft, südländisch und asiatisch zugleich. Ganz im Gegensatz zu Leningrad. Mittags ist die Stadt so gut wie ausgestorben. Die unerträgliche Hitze treibt alles in die Siesta, der eigentliche Tag beginnt erst nach Sonnenuntergang. Sobald sich der schwüle Schleier über der Stadt ein wenig lüftet, kommt Leben in die Straßen. Jetzt im Herbst machen die frischen Brisen aus den Bergen das Leben erträglich.

Stalin hat hier im Priesterseminar sein Studentenleben verbracht. Du mußt im Kaukasus gewesen sein, wenn du sein Gemüt auch nur ein klein wenig verstehen willst.

Die Lage in Tiflis ist gespannt: Swiat Gamsachurdia, der neue, demokratisch gewählte Präsident, läßt jeden Tag Verhaftungslisten im Staatsfernsehen verlesen. Die halbe Opposition sitzt schon hinter Gittern. Die andere Hälfte hat sich mit der abtrünnigen Nationalgarde zusammengetan und lagert, bis auf die Zähne bewaffnet, vor den Toren der Stadt. Das verängstigte Staatsoberhaupt läßt jetzt Bäuerinnen aus der Provinz nach Tiflis schaffen. Sie leben mitten in der Stadt

in Zelten, vor dem Regierungspalast, den sie beschützen sollen. Das ganze stinkt zum Himmel, nicht nur der fehlenden Toiletten wegen. Der sowjetische Präsident, so scherzen böse Zungen, wird von „Schwarzen Baretten" verteidigt (den OMON-Einheiten), der georgische von schwarzen Strumpfhosen. Inzwischen sind aber auch die Landfrauen nicht mehr sonderlich gut auf ihren Präsidenten zu sprechen. Es zieht sie zurück in die Heimat, aber Swiat Gamsachurdia gibt ihnen keine Busse. Dem „Vater aller Georgier" ist unwohl ohne den Schutz seiner „Strumpfhosen".
Kein Gespräch, ohne lautstark über diesen Konflikt zu streiten, kein Spaziergang ohne die überall in der Sonne glänzenden Kalaschnikows, kein Abend ohne das Krachen von Schüssen.
Und doch lieben wir diese Stadt, muß man sie einfach lieben. Laß' es dir gutgehen, Matjusik, Nita hat mir eine Zigarette gebracht, es ist Zeit für unser allabendliches „Küchengespräch"!

26.

Oktober 1991

Matjusik,
wir sind in Borschomi, dem alten Kurort an der Grenze zur Türkei. Allein die Fahrt hierher war ein Vergnügen, durch eine wunderbare Berglandschaft, vorbei an Pferdefuhrwerken und verschlafenen Dörflein, die keinerlei Spuren von Zivilisation aufweisen.
Du wirst nicht erraten, wo wir abgestiegen sind: In der Suite des örtlichen Sanatoriums. Nein, es ist nicht etwa der Wohlstand ausgebrochen. Der Direktor, Dato, ist schlicht der Freund unseres guten Surab Schwazabaja.
Wieder gibt es ein großes Festessen. Einer der Gäste, auch er ein Freund des Direktors, will sich um nichts in der Welt

davon abbringen lassen, uns zu Ehren einen Hammel zu schlachten. Es stört ihn nicht im geringsten, daß ich Vegetarier bin: Auch Hammel seien schließlich Vegetarier. Arglos frage ich, ob er auch im Sanatorium arbeitet. Betretenes Schweigen. „Diät!" flüstert mir der Direktor diskret ins Ohr. Und unter den Augen seines strengen Arztes ißt der ausgehungerte Magerkur-Patient dann seinen – unseren – Hammel. Eine ausgesprochene Delikatesse, wie mir alle versicherten.
Abends wurde die sanatoriumseigene Diskothek angeworfen. Wir waren die einzigen Gäste. Das sei ihm gerade recht so, meinte der Direktor, er liebe die intime Atmosphäre. Beim Hinausgehen entdeckten wir ein kleines Schildchen an der Tür: „Aus technischen Gründen geschlossen".
Ein Ort für Götter, dieses Borschomi. Umgeben von Bergen, unzugänglich für all die „Errungenschaften des sozialistischen Bauwesens". Schon die Romanows liebten dieses Fleckchen heile Welt. In ihrem Sommerhaus erholen sich heute Parteifunktionäre. Die allabendlichen Schußwechsel stören aber auch hier die vermeintliche Idylle. Wir können sie uns beim besten Willen nicht erklären.
Ich schreibe Dir aus einem heißen Moorbad. Es grüßt Dich Dein schwitzender B.!

27.

November 1991

Matjusik,
gestern noch leichtbekleidet in Georgien, heute im schneebedeckten Moskau. Der Abschied fiel schwer, wir haben ihn hinausgezögert, so lange wir nur konnten.
Setz' dich bitte hin und halte dich fest, Matjusik! Ich bin jetzt Georgier! Das ist kein Scherz! Ich bin Boris Genadowitsch, geboren in Tiflis und wohnhaft im Wake-Rayon, Surabisch-

wili 21. Ich hielt es zuerst nur für einen mißglückten Scherz, als Tengis, Nitas exzentrischer Freund, anbot, mir einen sowjetischen Paß zu besorgen.
Mein Lachen spornte Tengis, den wohl nur die fehlenden Sprachkenntnisse davor bewahrten, als Jesusdarsteller in Oberammergau engagiert zu werden, nur noch mehr an. Er nahm mich mit zum Fotografen – und kam am nächsten Tag mit meinem Ausweis. Ein vorläufiger nur, aber ganz offiziell ausgestellt vom Innenministerium, nicht etwa gefälscht.
„Man hat seine Beziehungen", meinte Tengis schulterzuckend.
Ich falle ihm um den unrasierten Hals. Als Sowjetbürger darf ich ab sofort nach Belieben in der ganzen UdSSR herumreisen. Matjusik, ein Land der unbegrenzten Möglichkeiten! Am Flughafen ist es mir ein wenig mulmig zumute, aber man läßt mich anstandslos passieren und schickt mir ein paar georgische Worte hinterher, die ich natürlich nicht verstehe.
Wer bin ich nun? Ausländer mit georgischem Paß oder Georgier mit ausländischem Paß?
In Moskau ist alles beim alten geblieben. Mein Studium ist abgeschlossen, die Kaffeestündchen bei Jelena Petrowna sind zu Ende. Ab sofort arbeite ich als Deutschlehrer in Kalaschnikowas zwielichtigem Laden. Auch das letzte Vertrauen zu ihr habe ich nun verloren: Was kann das für eine Hochschule sein, die mich als Lehrer anstellt. Nächste Woche soll es losgehen. Ich verstehe gar nicht, daß sie es so eilig hat, wo wir doch erst zwei Monate warten.
Die Versorgungslage wird von Tag zu Tag schlechter. Es sähe düster aus, wäre da nicht meine Kassiererin aus dem Dritten, die treu zu mir steht. „Wann wirst du denn endlich ein bißchen kräftiger", meint sie besorgt.
Es ist kalt hier, Matjusik, ich will zurück in den Süden!

28.

Dezember 1991

Matjusik,
wie wunderbar ist es, Georgier zu sein! „Aeroflot – immer zu Ihren Diensten", mit meinem neuen Paß ist es Wirklichkeit geworden. Wir fliegen durch das ganze Land, ein Flug kostet 60 Rubel, soviel wie in Deutschland eine Kaugummischachtel. Nur gelegentlich schauen wir nach Moskau, auf einen kurzen Sprung zwischen Reval und Riga, Taschkent und Wladiwostok. Gestern waren wir in Tiflis, mal schnell für ein paar Stunden, in aller Früh zwei Klimazonen übersprungen und abends wieder zurück. Es ist noch warm in Georgien, die Bäume sind noch grün, Schnee liegt nur auf den nahen Bergen. Nächstes Wochenende kommen wir wieder. Als würden wir in der Zeit zurückfliegen!
Die Arbeit – sie hat tatsächlich begonnen – stört nicht allzu sehr, dreimal in der Woche vier Stunden, die fünfminütige Pause ziehe ich pauschal ab. Aber du brauchst dir keine Sorgen zu machen, ich habe noch keine einzige Kopeke für all meine Mühen bekommen. Es geht das böse Gerücht, daß Kalaschnikowa pleite ist. Wer da nun bankrott gemacht hat? Kalaschnikowa? Die Uni? Das Joint-Venture?
Itsos chlee! Sollen sie leben, solange sie mir mein Visum immer pünktlich verlängern. Und wenn ich auch keinen Lohn bekomme, so gibt es doch im Institut ein wunderbares „Büfett": Hier bekommt man fast geschenkt so manches, was in den Läden seit Monaten nicht mehr zu sehen war. Oder einfach nur Brot, ohne anstehen zu müssen. Die übrigen Lebensmittel kaufen wir uns auf dem Markt: Wie seit eh und je gibt es auf den Basars fast alles. Die Preise sind um ein mehrfaches höher als in den Geschäften: für die meisten Russen unerschwinglich, für Ausländer fast geschenkt.
In vertrauter Zweisamkeit verbringe ich meine Abende – nein, nicht nur mit Anna, sondern allzu oft auch mit dem Käfer: in den Warteschlangen vor den Tankstellen. Getankt

wird nach einem ausgeklügelten System, das maximalen Zeitaufwand garantiert: Wer an die Reihe kommt, hat zuerst den Zapfhahn in den Tankstutzen zu stecken, geht hierauf an die Kasse, bezahlt und bringt erst dann – oft mit einem Fußtritt gegen die Zapfsäule – die Pumpe zum Rattern. Hat er weniger Benzin geordert, als sein Tank faßt, wiederholt er die ganze Prozedur – sehr zur Freude der Fahrer, die hinter ihm warten. Hat er das Fassungsvermögen seines Tanks indes überschätzt, läuft das kostbare Naß literweise über, direkt ins Erdreich. Bei einem Literpreis von knapp 5 Pfennigen sieht man das gelassen.

Meine Beziehungen zur allgegenwärtigen Verkehrspolizei, der GosAwtoInspekzia, kurz GAI, waren anfangs wahrhaft brüderlich. Wurde ich wieder einmal bei einem Vergehen ertappt, verzichtete ich einfach auf die Quittung. Die meisten GAIs waren von solcher Großmütigkeit derart gerührt, daß sie auf die Hälfte des veranschlagten Betrages verzichteten. „Brüderlich teilen" nennt man das.

Inzwischen hat sich diese überaus christliche Einstellung gelegt: Ich zahle meistens gar nichts mehr. Es begann damit, daß mich das kurzsichtige Auge des Gesetzes oft unverrichteter Dinge ziehen ließ: Das Entziffern meines Namens fällt schwer, sie sehen sich alle so ähnlich, die lateinischen Buchstaben. Da vergißt man dann schon einmal, daß man ja eigentlich eine Strafe kassieren wollte.

Nach einschlägigen Erfahrungen habe ich mir drei praxiserprobte, goldene Regeln im Umgang mit der GAI zurechtgelegt:
1. Immer erst 100 Meter hinter dem Posten anhalten. Viele GAIs scheuen den langen Weg, und nachdem du anstandshalber ein paar Minuten gewartet hat, kannst du in aller Ruhe weiterfahren.
2. Niemals unaufgefordert aussteigen! Wenn du entsprechend leise redest und der Staatsdiener von normalem Wuchs ist, muß er vor dir in die Knie gehen. Die meisten lassen dich lieber unbehelligt fahren, statt sich zu einer derartigen Demutsgeste durchzuringen.

3. Unter keinen Umständen russisch sprechen! Selbst der standhafteste GAI tritt erst einmal einen Schritt zurück, wenn du ihm auf seine schadenfroh gestellte Frage – „Warum sind Sie da bei ..." – ein unbedarftes „What?" entgegenhältst. Wenn er etwas auf sich hält, wird er sich keine Blöße geben und sein gesamtes Sprachwissen aufbieten: „Good .... bye!"
In besonders hartnäckigen Fällen hilft Einfallsreichtum weiter: Wenn ein GAI etwa unglückseligerweise das deutsche Wort „Rot" kennt, packst du ihn am besten heftig an seinen goldfarbigen Manschettenknöpfen und schreist lautstark „Gelb"! Wenn du dann auch noch den Vorgesetzten sprechen willst („du Leutnant, ich und Major – Telefon") ist der GAI derart gerührt, daß er dich fahren läßt: „Für dieses Mal ist es gut, aber das nächste Mal ruf' ich den General persönlich an!" schickte er mir lachend und mit dem Kopf schüttelnd hinterher.

Aus dem vereisten Moskau grüßt Dich B.

29.

Dezember 1991

Matjusik,
die Nachricht erwischte uns völlig überraschend beim Abendessen, und sie verheißt nichts Gutes: Die Sowjetunion ist von uns gegangen.
Alles ist geblieben, wie es war, nur daß wir nun mit einem Mal in einem anderen Staat leben. Die gleichen Gesichter, die gleichen leeren Geschäfte, das gleiche wertlose Geld.
Es ist mir nicht wohl zumute. Die alte, totalitäre Sowjetunion war vor meiner Zeit, ich kenne die UdSSR nur aus ihrem „zweiten Frühling". Und es tut mir leid, daß sie zu Grabe getragen wird. Ich weine ihr keine Tränen nach, aber trauere doch um sie, habe Angst, daß nichts Gutes nachkommt.

Ich kenne nicht viele Menschen hier, die sich aufrichtig über das Ende des „Sowjetski Sojus" freuen: Es ist nicht das Land Stalins und Breshnews, dem man nachtrauert. Es ist das Gefühl, ein Stück Heimat, einen Teil seiner Identität verloren zu haben. Vor allem in den drei slawischen Republiken – Rußland, Weißrußland und der Ukraine – ist man von der Trennung alles andere als angetan.
Und vielen Sowjetbürgern wird's schlicht egal sein: „Nu i schto?" – Na und, was soll's! Die Probleme werden die gleichen bleiben, und welchen Unterschied macht es, in wessen Namen gegen sie angekämpft wird.
Und manchmal komme ich schon selbst nicht mehr gegen diese Apathie an!
Der Teufel soll sie alle holen! Wenn sie uns nur in Ruhe leben lassen würden!
    Ein frohes Weihnachten wünscht B.

30.

Dezember 1991

    Matjusik,
mein Gott, was haben sie angerichtet! Es ist Krieg in Tiflis, sie schießen aufeinander mit Panzern und Kanonen, einen Tag vor Heiligabend ging es los, wir wollten gerade fliegen. Die Opposition rückt in Richtung Altstadt vor: Sie wollen Gamsachurdia in die Flucht schlagen. Er hat sich im Keller seines Regierungspalastes verschanzt, einen Steinwurf von Nitas Haus.
Tiflis ist mit einem Mal unendlich weit weg, in ein grausames, unheilvolles Schweigen gehüllt: Es gibt keine Nachrichten, die Telefonleitungen sind gekappt.
Gestern hätte Nita nach Moskau fliegen sollen, wir wollten zusammen Silvester feiern. Die ganze Nacht habe ich am

Flughafen verbracht, aber es kommen keine Flugzeuge aus
Tiflis an. Im Auskunftsbüro zucken sie mit den Schultern.
Und wir sind hier zur Untätigkeit verurteilt, zur Hilflosigkeit,
zum langsamen Gewöhnen.
Es ist purer Wahnsinn!
     Verzeih' mir, Matjusik!

31.
                                              Januar 1992
    Matjusik,
Nita hat angerufen, es geht ihr gut, das Museum ist heil
geblieben. Sie wohnt bei Giwi, ihrem Sohn, in Wake, einem
Vorort. Gamsachurdia ist geflüchtet, die gesamten Devisenreserven der Nationalbank im Kofferraum seines Mercedes.
Die Altstadt ist zerstört. Alle unsere Freunde sind verschont
geblieben. Ich glaube nicht so recht daran, daß es nun endlich bergauf geht, so sehr ich es hoffe: Ich kann einfach nicht
daran glauben.
Das Jahr 1 nach der Sowjetunion ist angebrochen. Seit dem
1. Januar gibt es keine staatlich festgesetzten Preise mehr.
Die neue russische Regierung hat sie aufgehoben. Noch vor
ein paar Monaten hatte Jelzin dem Gorbatschow-Premier
Pawlow, der inzwischen als Putschist in der berüchtigten
„Matrosenruhe" einsitzt, lautstark gedroht: „Ich werde mich
auf die Schienen legen, wenn die Regierung die Weichen in
Richtung Preiserhöhung stellt!" Statt auf Gleisen sitzt er
inzwischen im Kreml, und hinter dessen hohen Mauern sieht
manches ein wenig anders aus. Wie scherzte man früher:
Der Sozialismus beginnt an der Stadtgrenze von Moskau –
das als Hauptstadt immer privilegiert war –, der Kommunismus an der Kremlmauer.
Alle haben diesem ersten Januar entgegengefiebert. Die
gefürchteten Hamsterkäufe allerdings gab es nicht: Selbst die

wenigen Ladenhüter, die früher wie Feigenblätter die Blöße der Regale zierten, waren längst verschwunden. Das sicherste Krisenzeichen war das ratlose Schulterzucken meiner Kassiererin aus dem Dritten. Ja es ging so weit, daß sie (!) mich bat, ihr irgendwo eine Flasche Sekt für Silvester aufzutreiben.
Dabei haben wir gehofft, daß die Geschäfte nach der Preisfreigabe mit einem Mal überquellen werden. Pustekuchen! Die Warteschlangen sind genauso lang wie zuvor, die Stimmung ist geladener denn je. Fassungslos schaut man auf die Preisschilder. Und man kauft zähneknirschend, aber man kauft: Wer weiß, ob es morgen noch etwas geben wird.
Die meisten haben die neue Situation noch gar nicht recht wahrgenommen: „Die da oben können schließlich nicht das halbe Land verhungern lassen", ist zu hören. Schwarzer Humor oder altes Denken?
Es liegt etwas Beunruhigendes, Unheimliches in der Luft. „Im Zuge der Westorientierung" hat man zu allem Überfluß auch noch die Uhrzeiger an die Mitteleuropäische Zeit angepaßt und um eine Stunde zurückgestellt. Keiner der hohen Herrn schien beachtet zu haben, daß Rußland trotz allem genauso östlich liegt wie die Sowjetunion (genau genommen sogar noch östlicher): Es wird jetzt gegen drei Uhr Nachmittag dunkel. Du wachst auf, und es dämmert schon. Ein Land hüllt sich in Finsternis!
In zwei Wochen fahren wir in die Berge, in ein Erholungsheim des Verteidigungsministeriums, Annas Vater und mein georgischer Paß machen es möglich. Und hoffentlich auch Annas Examen.
Warum schreibst Du nicht, Matjusik?

32.

Januar 1992

Matjusik,

fast wären unsere Pläne in letzter Minute durchkreuzt worden. Thomas ist in unser Leben getreten. Ich war nicht sonderlich begeistert, als da vor vier Tagen ein wildfremder Deutscher bei uns anrief. In Gedanken durchlitt ich schon neue Stadtführungen und das unvermeidliche Sightseeing. Doch dann war es „Liebe auf den ersten Blick" zwischen uns dreien, wir behielten Thomas gleich bei uns, und jetzt fahren wir zusammen in den Kaukasus.

Er hat meine Telefonnummer von einem Freund zu Hause in Deutschland bekommen: Über Moskau und Peking will er nach Neuseeland.

Unser Käfer bereitete ihm einen würdigen Empfang. Nachts um drei Uhr gab er auf dem Mitschurin-Prospekt den Geist auf. Es waren minus 30 Grad. Aber statt zu erfrieren, wäre Thomas beinahe unter die Räder gekommen: Ein hilfsbereiter, aber nicht mehr ganz nüchterner Fahrer hatte sich unser angenommen – und fuhr los, als Thomas noch am Boden lag und das Abschleppseil kontrollierte. Aber selbst davon ließ sich unser neuer Freund nicht abschrecken.

Das einzige Problem ist jetzt sein deutscher Paß. Gestern Abend habe ich ihn in den Zug nach Mineralny Wody – zu deutsch Mineralwasser – gesetzt. Ausgerüstet mit zwei Flaschen Kognak, die er der Schaffnerin im Notfall statt des Ausländertickets vorzeigen sollte. Die Ähnlichkeit zwischen Thomas und Viktor Tschirkow, dessen Paß wir uns geliehen haben, ist nicht allzu groß. Aber mit jedem Gläschen Kognak wird sie ein wenig größer.

Doch im Gegensatz zum Fliegen gibt es beim Zugfahren keine offizielle Paßkontrolle, Thomas' Chancen stehen gut. Wir packen in aller Eile, endlich raus aus Moskau, diesem brodelnden Moloch.

Wenn ich nun im Kaukasus noch eine wohlwollende Bergbäuerin mit Kuh finde, bin ich dem Glück auf Erden schon sehr nah.
    Schlaftrunken grüßt Dich B.

33.

Januar 1992

    Matjusik,
der Kaukasus! Wild, rätselhaft und hoch. Morgen kommt Thomas an. Wenn er den Weg hierher, ans Ende der Welt, tatsächlich findet. „Übermorgen" in Krasnaja Polana, im Armeeheim", so hatten wir uns in Moskau am Bahnsteig verabredet. Und der Ärmste spricht kein Wort russisch.
Schwitzend sitzen wir im Büro des Direktors, eines hochdekorierten Oberstleutnants. „Was, ein Deutscher?" er zieht die Augenbrauen zusammen, die Orden auf seiner Brust klimpern: „Hier bei uns?" Doch da hellt sich sein Gesicht plötzlich auf, als würde er in Gedanken schon die gewitterten „Deutschmark" zählen.
„Nur das mit dem deutschen Paß ...", meint er nachdenklich. Und der Vertreter der Staatsgewalt zuckt nicht einmal mit der Wimper, als wir ihm diskret eröffnen, daß wir „zufällig auch noch einen russischen Paß für Thomas dabeihaben." „Also gut, wenn ihm das Foto wirklich ähnlich sieht", verabschiedet er uns und gibt der Empfangsdame entsprechende Anweisungen.
Mit diesem Segen von höchster Stelle ließe es sich beruhigt einschlafen, wenn in den Zimmern anständig geheizt würde. So werden Anna und ich uns mit einem Fläschchen Kognak aufwärmen, bevor wir uns zur Ruhe (?) begeben.
    Leb' wohl!

34.

Februar 1992

Matjusik,
es ist ein Heidenspaß: Wir beiden Deutschen inkognito auf
einer „Touristenbasis" des Verteidigungsministeriums.
Zu aller Überraschung hat uns Thomas tatsächlich gefunden.
Er hat sich rasch akklimatisiert: Statt auch nur eine der beiden Kognakflaschen zu opfern, brachte er gleich eine dritte
mit: Sein Abteilnachbar hat sie ihm geschenkt.
In unserer „Basis" herrschen die unterschiedlichsten Gerüchte über Thomas. Die einen halten ihn schlicht für taub, die
anderen für einen nationalistischen Esten, der aus Prinzip
kein russisch sprechen will. Oder man glaubt einfach, daß er
einen leichten Schlag hat. Wie die Kassiererin, die stutzig
wurde, als Anna die Quittung für Thomas unterschrieb: „Er
ist so schüchtern, unser Freund!"
Abends schaut der Direktor des öfteren auf ein Fläschchen
Wein (oder zwei) vorbei: Für Thomas Entspannung, für mich
ein Kreuzverhör. Was ist das für ein Georgier mit abgelaufenem Paß und baltischem Akzent, der offensichtlich fließend
deutsch spricht? Wein und Wodka verwischen die Widersprüche!
Als Ausländer wird Thomas hofiert: Ein Zimmer mit Tapeten,
Teppich und funktionierendem Klosett. Der Vizedirektor, ein
Berg-Karabach Veteran, der ständig im Kampfanzug unterwegs ist, hat es auf meinen Radiorecorder abgesehen.
Schweren Herzens schenke ich ihm das gute alte Stück. Am
nächsten Abend kommt er mit einer vollen Kampfmontur,
ich will schon aufstehen und mich bedanken, da geht er
schnurstracks an mir vorbei und schenkt das Prachtstück
Thomas. So froh ich auch bin, daß ich von diesem Plunder
verschont blieb – die allgemeine Kriecherei vor Ausländern
bringt mich, frisch zum Russen avanciert, mit einem Mal auf
die Palme: Da ist man als Russe im eigenen Land ein
Mensch zweiter Klasse.

Abgesehen von derartig unangenehmen Erkenntnissen geht es uns prächtig hier. Nur wenige Touristen verirren sich heute noch in den Kaukasus, wir sind fast allein in unserem Erholungsheim, weswegen es auch nur zweimal am Tag heißes Wasser gibt und die Heizung immer noch auf Sparflamme steht. Und wahrscheinlich wäre ich schon völlig vom Fleisch gefallen, hätte die Verkäuferin im örtlichen Laden – Allah habe sie selig – nicht ein Einsehen mit mir gehabt: Diese reizende Babuschka legt uns, was auch immer sie dazu bewogen hat, jeden Tag zwei Flaschen Milch und Airan, einen kaukasischen Joghurt zurück. Statt in aller Früh Schlange zu stehen, holen wir uns die Köstlichkeiten in aller Ruhe abends. Nein, Matjusik, ich lasse mir diese Freude durch kein moralinsaueres „Aber" verderben.

Auch mit den männlichen Einheimischen hatten wir ersten Kontakt. Genauer gesagt zwei Kontakte. Beide Male wollte man uns „abstechen". Die Kaukasier sind ein heftiger Menschenschlag, eine falsche Bemerkung am falschen Ort kann unangenehme Folgen haben. Aber kann ich denn wirklich schweigend zusehen, wenn Anna eine brennende Zigarette ins Gesicht gehalten wird? Für meinen mündlichen Protest bekomme ich zwei kräftige Fußtritte und das Versprechen, man werde mir die Kehle durchschneiden. Wie beruhigend, daß wir unter den Fittichen des allmächtigen Verteidigungsministeriums stehen.

In der Aeroflotkasse im Tal hat man uns ebenfalls in wärmster Erinnerung. Wir hatten es tatsächlich gewagt, 15 Minuten vor Feierabend zu kommen. Zu unserer Begrüßung zog die Dame hinter dem Schalter erst einmal den Vorhang zu. Ob wir höflich baten, stürmisch klopften oder wütend das Beschwerdebuch verlangten, als Antwort zischten nur wütende Flüche hinter dem Vorhang hervor. Im Zorn ließ ich mich hinreißen: „Dann warten wir eben am Hintereingang auf Sie!" Und siehe da, das Fensterchen öffnete sich plötzlich: „Für wann wollten Sie die Tickets?" Nein Matjusik, ich bin nicht etwa zum Gewaltmenschen verkommen! Wir haben nur eine gemeinsame Sprache gefunden!

Thomas freut sich schon ungemein auf den Rückflug. Was tun, wenn es der Milizionär von der Paßkontrolle genau nimmt mit seiner Arbeit? Soll er sich taubstumm oder doch lieber betrunken stellen? Und bei der Leibesvisitation! Lieber schwer von Begriff oder, nun ja, ... Männern zugeneigt? Letzteres kann zwar mit ein paar blauen Flecken enden, aber man wird sich „einen von der Sorte" nicht aufhalsen wollen. Thomas redet sich Mut zu: „Kannst du dir vorstellen, wie erleichtert wir sind, wenn wir uns im Flugzeug anschauen und denken: Geschafft!". „Ja, und wie enttäuscht, wenn wir in Mineralny Wody ganz woanders sitzen, uns durch die Gitter anschauen und denken: Verdammt!" Thomas wendet sich mit Grausen.
So ist also noch nicht sicher, von wo aus ich Dir den nächsten Brief schicken werde, Matjusik!
Aber nur keine Angst!
Ich muß mich beeilen, der Direktor hat die Sauna für uns angeschmissen (für die anderen Gäste ist sie aus „technischen Gründen" geschlossen), und mit schlechtem Gewissen machen wir uns ans Schwitzen!

35.

Februar 1992

Matjusik,
Moskau hat uns wieder. Der Moskauer Untergrund! Wir müssen uns wieder mit der Metro vertraut machen, weil sich der Käfer nicht an den Frost gewöhnen will. Moskau mit dem Auto und Moskau mit der U-Bahn – das sind fast schon zwei verschiedene Städte. Der „Lenin-Metropoliten" ist eine Welt für sich: Stationen gleich Palästen, die sich unter die Erde verirrt haben, als Kontrast Schwarzhändler an allen Ecken und Enden, unendliche Massen von Menschen, die ständig ein-, aus- und umsteigen. Ein babylonisches Sprachgewirr.

Ein Schmelztiegel. Endlose Gesichter, die dir auf der Rolltreppe entgegenkommen und gleich wieder verschwinden. „Babuschkas", die dir ihre Lebensgeschichte erzählen, „Alkaschs", Alkoholiker, die ihren letzten Trockenfisch mit dir teilen wollen – Gnade dir Gott, wenn du nicht zubeißt –, „Bisnismeni", Geschäftsleute, die sich nach den Strapazen der Geschäftsessen in den eigenen Aktenkoffer erbrechen. Wehe dir, wenn du im Winter zu leicht angezogen bist! „Du mußt dich doch wärmer einpacken, Söhnchen, du verkühlst dich doch", wirst du von besorgten russischen, ukrainischen und armenischen Mutterherzen zu hören bekommen. Bist du mit großen Taschen unterwegs, wird dir die Aufmerksamkeit des ganzen Waggons zuteil: „Gdje wsjal", wo man es gekauft hat, und „po tschom", zu welchem Preis? Unerreichbare Schönheiten, die da so eng neben dir stehen und sitzen, verlangen dir deine letzte Selbstbeherrschung ab. Der Puls der Stadt schlägt hier unten in der Metro. Selbst die Herren aus dem Kreml kämen hier nicht mehr umhin, den Realitäten ins Auge zu sehen.
Ganz Moskau verwandelt sich zusehends in einen riesigen Basar. Auf der Gorkistraße im Zentrum gibt es kein Durchkommen mehr, in drei Reihen blockieren „Geschäftsleute" das Trottoir: Rentner, die ihre letzten Vorräte in bare Münze umwandeln, Hausfrauen, die sich mit drei Päckchen Zigaretten die Füße in den Bauch stehen, und junge Spekulanten, die Bier und Wodka feilbieten. Abends gleicht die Gorkistraße dem alten Rom nach Einfall der Vandalen: Berge von Verpackungen, leeren Flaschen und Dreck, eine Müllhalde inmitten der Stadt. Das alles nennt man jetzt „Busineß". Zeitungen und Fernsehen schwärmen: Die ersehnten neuen Zeiten sind angebrochen!
Mein Urlaub zieht sich in die Länge: „Wann fangen wir wieder an?" – „Bald!". Man hat es nicht eilig. Auch Thomas ist inzwischen zum „Bisnismen" geworden. Man wollte sein Visum nicht verlängern, und so blieb uns nur der Kreuzgang zu „Kalaschnikowa". Da war Thomas dann mit einem Mal

der Sohn eines deutschen Unternehmers. Unsere Taktik ging auf, Klara Romanowna überschlug sich vor Freundlichkeit und bot halb Rußland zum Verkauf feil. Und plötzlich lag da auf dem Tisch, ganz unscheinbar zwischen Kaffeetassen und Gebäck, ein Päckchen Damenbinden. Mit diesem defizitären Produkt will Klara Romanowna bezahlt werden. Zwei Container Damenbinden für vier deutsche Touristen. Der Profit derartiger Tauschgeschäfte scheint hoch zu sein: „Ihr Visum verlängern? Überhaupt kein Problem!" Wir beißen uns auf die Zunge.
Der Flug aus Mineralny Wody? Die Paßkontrolle? Ohne besondere Zwischenfälle, all die schönen Ausflüchte, die wir uns zurechtgelegt hatte, waren nicht vonnöten. Ein kurzer Blick in den Paß, einen noch kürzeren auf Thomas, und es war geschafft. Aber wir entgingen unserer gerechten Strafe nicht: Eine halbe Stunde vor Moskau schaltete unser begnadeter Pilot den Motor aus – das Kerosin ist teuer geworden – und ließ uns im Segelflug durch die Luftlöcher gleiten. Als die Deckenverkleidung dieses Auf und Ab nicht mehr ertrug und von der Schwerkraft übermannt wurde, hatten die Stewardessen nur ein lakonisches „Nu i schto?" „Na und?" für uns übrig: „Jetzt stellen Sie sich doch nicht so an". Verkrampft hielten wir uns die Hände über dem Kopf zusammen, bis der Bordmechaniker ein Einsehen hatte.
Und da gibt es noch eine Fügung des Schicksals: Milch wird meistens nur in den Morgenstunden verkauft. Thomas ist Frühaufsteher. Gott habe ihn selig!
Morgen zeigen wir ihm Leningrad.
  Schreib' mir doch endlich, Matjusik!

36.

Februar 1992

Matjusik,
in- und auswendig kenne ich inzwischen alle Sehenswürdigkeiten Leningrads, einschließlich der Warteschlange vor der Ermitage. Nur abends gab es etwas Abwechslung: Thomas lernte die Grifftechnik der berüchtigten OMON-Miliz kennen. Und dabei war es so schön auf dem Rockkonzert. Bis die Ordnungshüter Thomas' Zigarette erspäht hatten. Mit einer gewissen Heftigkeit fuhren sie ihn an, und sein verwirrtes „Hä?" schien ihnen nicht zu behagen. Einträchtig – nur nicht ganz freiwillig – ging Thomas mit ihnen aus dem Saal. Als ich eilig hinterher trotte und „Inostranjez!" – „Ein Ausländer!" schreie , komme auch ich in den Schwitzkasten. Erst von unseren Pässen ließen sich die OMONs – wahre Schränke von Männern – überzeugen. Und wären sie noch nüchtern gewesen, es hätte ins Auge gehen können, daß ich meinen georgischen Paß aus Versehen im deutschen stecken ließ. Von derartiger Gastfreundschaft beflügelt, fuhren wir noch am gleichen Abend zurück nach Moskau.
Aus den zwei Wochen, die Thomas hierbleiben wollte, sind nun schon zwei Monate geworden. Fast hätte er seinen Traum vom sonnigen Neuseeland zugunsten der rauhen russischen Wirklichkeit aufgegeben. Aber dann zog es ihn doch weiter. Ungern ließen wir ihn ziehen.
Er fehlt uns, genauso wie Du mir fehlst, Matjusik!
Du mußt endlich Anna kennenlernen!

37.

März 1992

Matjusik,
wir sind gerade aus Tiflis zurückgekommen. Beinahe hätte sich unser Aufenthalt dort in letzter Sekunde noch verzögert. Wir hatten schon alle Kontrollen hinter uns und warteten – an dem Flügel einer kleinen Antonow-Propellermaschine gelehnt – auf den Abflug. Sofort war ein wachsamer Milizionär zur Stelle. „Pasport!" Schweren Herzens gebe ich ihm das Papier, er fragt mich etwas auf georgisch, fragt ein zweites Mal, genauso erfolglos. Stutzig wechselt er ins Russische über: „Warum sprechen Sie nicht georgisch?" – „Aus Prinzip!" Der stolze Georgier spuckt mir vor die Schuhe und macht kehrt. Er will nichts zu tun haben mit so einem. Boris Genadowitsch, geboren in Tiflis, ist wahrlich kein treuer Sohn seiner Heimat.
Georgien durchlebt schwere Stunden. Der Krieg hat grausam gewütet. In der Altstadt fehlen ganze Häuserzeilen, sind einfach nicht mehr da. Trümmerhaufen, wo gestern noch Leben herrschte. Was wir nur von Bildern, schwarzweißen zumeist, kennen, haben wir hier plötzlich in seiner ganzen Grausamkeit vor uns. Alte Frauen, die in den Trümmern nach Überresten ihrer Vergangenheit suchen. Staub, überall Staub. Und Normalität, soweit noch irgend etwas normal sein kann.
Vor zwei Wochen erst gab es wieder Strom. Auf Gas und heißes Wasser wartet man immer noch vergeblich. Mit einem Mal frieren wir in der Stadt, die für uns immer etwas mit Sommer zu tun hatte. Vor den Brotläden stehen riesige Schlangen. Aus Moskau haben wir mitgebracht, was wir nur konnten: Mehl, Nudeln, Reis, Zucker und Konserven. Nach zwei Tagen hatte Nita alles weiterverschenkt. In ihren eigenen vier Wänden hat sie den Kommunismus verwirklicht.
Die neue Regierung steht vor einem Berg von Trümmern und Problemen. Bewaffnete Banden ziehen durch die Stadt, auch die nächtliche Ausgangssperre schafft keine Abhilfe.

Mit dem Einbruch der Dunkelheit wird es totenstill auf den Straßen, nur die ständigen Schußwechsel stören die gespenstige Ruhe.
Der verjagte Präsident Gamsachurdia ist nach Westgeorgien zurückgekehrt und ruft zum Feldzug gegen Tiflis auf. Eingehüllt in Jacken und Decken sitzen wir beim Abendessen.
Zum ersten Mal sind wir froh, als wir aus Tiflis ins kalte, aber geheizte Moskau zurückkehren. Wie lächerlich sind da doch alle unsere Sorgen.
Nächste Woche fliege ich „nach Hause", Matjusik, sie haben mich wieder eingeladen. Ich habe Angst, schlichte Angst, nach all dem, was ich gesehen habe!

38.

April 1992

Matjusik,
ich schreibe Dir aus einem seltsamen, einem bunten Land.
Ich spreche, so scheint es, seine Sprache.
Eine Insel, sauber, märchenhaft, fast schon gemalt. Aber ihre Puppen bewegen sich, sprechen. In einer fremden Sprache, die sie „meine" Sprache nennen. Man ernährt mich gut, läßt mich an die frische Luft. Ich entscheide selbst, wann ich das Licht ausschalte. Es gibt keinen Grund zum Klagen. Aber das Leben! Manchmal spüre ich es in der Ferne, als fürchte es sich.
Ich schweige in Worten, die mir fremd sind. Ich sehe mich, wie ich mit ihnen spreche, wie ich lache, ja, ich lache freundlich, warum auch immer. Sie tun mir leid – und ich ihnen. Wir lächeln. Sie verstehen nicht, daß sie mich nicht verstehen. Sie hören zu.
Sie müssen es ahnen, sie müssen, aber sie wollen nicht. Sie sind klug, vernünftig. Sie sind lieb. Ich habe sie gern, trotz allem. Sie leben gut, es fehlt ihnen an nichts.

Wenn sie mir ihre Sprache beigebracht hätten – vielleicht
wäre ich geblieben. Aber sie konnten nicht. Wollten sie es
nicht?
Ich werde mich höflich bedanken, mir heimlich ein Stück
Kuchen in die Tasche stecken und werde gehen. An ihnen
vorbei, zurück, dorthin, wo sie mich in einer fremden Sprache nicht verstehen. Wo Anna und ich eine gemeinsame
Sprache gefunden haben.
Und vielleicht werde ich auch Dich noch finden, Matjusik!

39.

April 1992

Matjusik,
ich bin wieder in Moskau. Verzeih mir meinen letzten Brief!
Mein Urlaub zieht sich immer noch hin, ehrlich gesagt glaube
ich nicht mehr daran, daß meine Arbeit jemals wieder
beginnt. Und das ist schade, auch wenn ich bis jetzt noch keinen Lohn bekommen habe (schließlich ist Kalaschnikowa ja
das erhoffte Damenbindengeschäft mit Thomas durch die
Lappen gegangen).
Wir leben von meinen gelegentlichen Zeitungsberichten. Es
reicht, wir brauchen nicht viel.
Wir waren bei den Kerasows, in Ljuberzy. Anna Georgiewna
weinte den ganzen Abend. Sie ist entlassen worden. Die
Fabrik, in der sie 30 Jahre gearbeitet hat, braucht sie nicht
mehr: „Wir haben nicht einmal genügend Geld, um die Jungen zu halten!" Und mit ihren 73 Jahren bekommt sie auch
keine andere Arbeit mehr. Ganz Ljuberzy ist sie abgelaufen,
aber selbst als Putzfrau wollte sie niemand nehmen. Überall
winkte man ihr ab, sobald man sie nach dem Alter gefragt
hatte. 1500 Rubel im Monat bekam sie in der Fabrik: In
Deutschland zwei Schachteln Zigaretten und inzwischen auch
in Moskau nur noch 4 Kilo Fleisch.

Anna Georgiewna versteht die Welt nicht mehr: Sie, die Kriegsveteranin, „Heldin der Arbeit", „Verdiente Vorkämpferin für den Atheismus", mit 55 Arbeitsjahren als Buchhalterin und zahllosen Medaillen – mit einem Mal arbeitslos, von niemandem gebraucht, mit einer Rente, die nur als Hohn aufzufassen ist und wegen des allgemeinen Bargeldmangels schon zwei Monate nicht ausgezahlt wird. Ihre Privilegien sind wertlos geworden. Nein, nicht daß es keine Schlangen mehr gebe. Im Gegenteil, die Stimmung ist derart gereizt, daß man sie einfach nicht mehr vorläßt: Und wenn ihr einer eins überzieht, wie unlängst geschehen! So hat sie sich nun anzustellen, und die Preise sind so hoch, daß sie sich nach zweistündigem Warten gerade noch 200 Gramm Käse leisten kann. „Besobrasije!", „Unerhört!", schüttelt sie den Kopf.
Keine der deutschen Hilfssendungen hat sich je zu den Kerasows verirrt: Dafür stehen sie zu Hauf ein paar hundert Meter weiter, im „Kommertscheski Magazin": Für tausend Rubel wird die gebündelte westliche Hilfsbereitschaft da gehandelt. Sascha will sich jetzt selbst helfen, er schnitzt Holzbestecke und Küchenbrettchen, die dann eine Bekannte bemalt. Die Arbeit lenkt ihn ab, und es geht ihm so gut wie lange nicht mehr. Nur, daß ihm niemand seine Werke abkauft. Und dann ist Sascha wieder allein mit seinem Schmerz!
Bedrückt fahren wir nach Hause, schwer beladen mit Bestecken und Brettchen.
Annas Freunden ergeht es nicht besser als den Kerasows. Viktor Tschirkow, mit dessen Paß Thomas im Kaukasus war, hat seinen Traum von den eigenen vier Wänden ausgeträumt. Als junger Familienvater stand er ganz oben auf der Warteliste für eine staatliche Mietwohnung. Aber inzwischen werden Wohnungen nur noch verkauft, für horrende Summen. Eine Ein-Zimmer-Wohnung kostet um die dreißig Jahresgehälter, die Tschirkows wissen weder ein noch aus. Seit ich die Schwiegereltern, bei denen Viktor wohnt, kenne, kann ich lebhaft mitfühlen.

Auch für meine Kassiererin aus dem Dritten sind die fetten Jahre vorbei: Ganz Moskau quillt über vor Waren. Selbst Bananen werden jetzt überall verkauft. Aber ganz so schlimm ist es nicht: In den staatlichen Geschäften sind die Preise erheblich niedriger als anderswo. Die Warteschlangen werden meiner Kassiererin also aller Voraussicht nach erhalten bleiben. Ihr „Busineß" wird zwar nicht mehr so florieren wie ehedem, doch die Ärmste wird nicht vom Fleisch fallen. Nur gelegentlich schaue ich zu einem Plausch bei ihr vorbei, bis mich „die Warteschlange" wütend verjagt. Dabei tut sie gar nicht gut daran: Meine Kassiererin wird mich rächen und eine zehnminütige Kaffeepause einlegen.
Auch wir haben unsere Probleme: Wir wissen nicht, wie lange wir noch in unserer Wohnung bleiben können: 5000 Rubel bezahlen wir im Monat. Unser Vermieter könnte genausogut das Zehnfache verlangen. Die Mietpreise steigen ins Unendliche.
Thomas ist verschwunden, zwischen Peking und der Südsee, nur gelegentliche Briefe zeugen von seiner Existenz, veraltet und ohne Absender.
Warum seid ihr plötzlich alle weg? Schreib' doch endlich, Matjusik, in Gottes Namen!

40.

Mai 1992

Matjusik,
immer noch sehe ich die auf mich gerichtete Pistole des GAIs vor mir.
Der Käfer läuft wieder, wie durch ein Wunder sprang er plötzlich an, und so sehr ich die Metro schätze, das Autofahren hat doch auch seine Vorzüge. Vor allem, seit in Ungarn der Kommunismus zusammengebrochen ist. Ungarn? Ja, Ungarn. Die gelben Ikarus-Busse – du siehst sie überall in

Ost-Europa – werden in Budapest hergestellt. Und statt Gas und Öl wollen die Magyaren jetzt harte Devisen für ihre gefürchteten Passagierkutschen. Der Rest ist einfach: Die Russen haben diese Devisen nicht, es fehlt an Ersatzteilen, ein großer Teil der guten Ikaruse-Busse steht auf Halde. Das Gelb im Straßenbild wird blasser. Und wenn man eine halbe Stunde auf seinen Bus gewartet hat, muß man sich den Zutritt erst einmal handgreiflich erstreiten. Frei nach dem Darwinschen Prinzip: Der Schwächere geht zu Fuß. Oder er fährt Auto.

Er hat seinen Revolver aus weißem Packpapier ausgewickelt. Wie ein Schüler seine Brotzeit, die ihm Mutter sorgsam verpackt auf den Weg gab. Und auf einmal ist der Lauf auf uns gerichtet, auf unseren Schuk. Es war einfach unhöflich von ihm, daß er nicht selbst zu uns kam. Demonstrativ hatte er sich, in voller Montur, vor die Kühlerhaube gestellt und mir mitgeteilt, daß er Zeit habe (woran ich nicht im geringsten zweifelte). Aber auch ich hatte es nicht eilig. Wie man in Rußland so schön sagt: Der mit dem schwächeren Charakter gibt nach. Wir waren beide standhaft. Ich rauchte in aller Ruhe eine Zigarette und bewunderte die Landschaft.

Ja, Jelena Petrowna, hat angerufen: Ihre Panzerakademie gibt es nicht mehr, die Offizierszöglinge aus den „sozialistischen Bruderländern" lernen inzwischen bei der NATO ihr Handwerk. Zigtausende Dollar hat man zum Schluß für jeden Schüler verlangt und sich damit selbst sein Grab geschaufelt. Mit dem Essen kommt der Appetit, so ein altes russisches Sprichwort. Die Herrn Generäle sind noch vor dem Essen am eigenen Hunger erstickt. Leiden müssen darunter jetzt Jelena Petrowna und ihre Kolleginnen. Weil sie ledig ist, stehen ihre Chancen schlecht: „Wir müssen die Leute unterbringen, die eine Familie zu versorgen haben", heißt es da überall. Die Eltern halten Jelena Petrowna über Wasser.

Diesmal scheint es ernster zu sein als sonst. Ihre Dienstwaffe hatten die GAIs bisher immer aus dem Spiel gelassen.

Es ist alles andere als ein Segen, in Moskau ein Auto zu besitzen. Das ruhige Leben ist vorbei, sobald du deine eigenen vier Räder hast: du bist das Taxi für alle Freunde und Verwandte. Zu allen Tages- und Nachtzeiten wirst du aus dem Bett und vom Sofa geholt: „Bist du mir auch wirklich nicht böse?" Da wollen Georgier vom Flughafen abgeholt sein, ein Paket hat eiligst von einem Bahnhof zum anderen gebracht zu werden, und der Hund der Nachbarin muß zum Tierarzt, weil er wieder so verdächtig hustet: Der Teuerste verkühlt sich schließlich zu Fuß. Da beneidest du dann die Fußgänger. Welch ruhiges und beschauliches Leben sie doch führen!
Ich kann es nicht beschwören, aber mir scheint, daß der GAI die Pistole nicht mehr in der Hand hatte, als er sich zu mir ans Fenster beugte. Schnell steckte ich ihm meine Unterlagen zu: Ich hatte triumphiert, trotz Waffe, Packpapier und Dienstmütze war ich nicht ausgestiegen. Erst jetzt stand ich auf und ging freiwillig zu ihm, einzig und allein, um meinen guten Willen zu demonstrieren. Der arme GAI – seine Pistole hatte er schon wieder sorgsam verpackt – war genauso weich in den Knien wie ich: Ich hätte doch gleich aussteigen sollen! Ein starkes Stück sei es gewesen, einfach den Motor anzulassen und auf ihn zuzufahren. Da habe er ja gar keine andere Wahl mehr gehabt, als zur Waffe zu greifen. Ich entschuldige mich, daß ich ebenso keine andere Wahl gehabt habe, als weiterzufahren: „Ein nicht minder starkes Stück, mich zehn Minuten warten zu lassen!"
Hastig einigten wir uns, daß dann ja alles in Ordnung sei. Nachdem wir noch eine halbe Stunde über das harte Los der Verkehrspolizisten, die politische Lage und die steigenden Preise plauderten, verabschiedeten wir uns in aller Freundschaft. Was wir jetzt auch tun sollten, Matjusik!

41.

Mai 1992

Matjusik,
das Schicksal meint es nicht gut mit mir. Der Käfer! Wir haben unseren Schuk nicht mehr.
Wir fuhren gerade von Annas Eltern nach Hause, als uns auf einmal alle wie wild aufblinkten und zuhupten. Auch die Fußgänger schienen etwas zu schreien. Es gibt zwar nur eine Handvoll Käfer in Moskau, aber es war ein Trugschluß, zu glauben, sie freuten sich einfach nur über unser gutes altes Stück. Endlich stieg ich aus – und Flammen schlugen mir entgegen. Schuk brannte. Zwei Lastwagenfahrer kamen uns mit ihren Feuerlöschern zu Hilfe – sie funktionierten beide nicht. Wir wollten mit Wasser löschen, aber niemand in den umliegenden Häusern öffnete uns die Tür: „A mnje kakoje djela" – „Was geht's mich an!". So blieb nur die Feuerwehr. Untätig mußten wir zusehen, wie sie unserem Schuk den Rest gab. Eine riesige Rauchwolke erhob sich über ihm in den Himmel. Ein würdiges Ende für ein langes Autoleben.
Nur das Eisengestell war übriggeblieben. Schwarzes, angesengtes Metall und ein paar Fetzen von unseren Taschen.
Kurz darauf kam der Einsatzleiter der Feuerwehr zu uns. Einfühlsam, wie er war, wollte er mich unter vier Augen sprechen: „Sie wissen sicher, daß wir Feuerwehrleute es sehr schwer haben. Vor allem heutzutage." Er müsse nun eine Untersuchung über die Brandursache einleiten, und, nun ja, wie solle er es sagen, da könne er uns durchaus einige Schwierigkeiten machen. Was er aber natürlich nicht wolle. Dieses Nicht-Wollen kostete uns vier Flaschen Wein. Und damit sind wir noch billig davongekommen. Gnade mir Gott, wenn er mich als Ausländer erkannt hätte.
So fahren wir jetzt – umweltbewußt, wie wir nun einmal sind – wieder mit der Metro.
Alles erdenklich Gute wünscht Dir B.

42.

Juni 1992

Matjusik,
wir haben wieder einen fahrbaren Untersatz! Ein wahres Urgestein der Automobilgeschichte. Ein gelber „ISCH". Nigelnagelneu und doch schon antik: Gebaut nach Konstruktionsplänen von 1960. Damals eine Errungenschaft, heute die billigste Motorkutsche in Rußland. Ein „Polugrusowik" – Halbfrachtwagen. Zwei Sitze vorne, wie ein abgeschnittener Pkw, und hinten ein riesiger Container.
Der Autokauf ist in Rußland immer noch eine wahre Schatzsuche. Endlich hatte ich, meinen gelegentlichen Reportagen sei es gedankt, meine letzten Kopeken zusammgekratzt – allzu viele waren gar nicht nötig – und wußte nicht, was tun. Auch heute sind Autos noch viel zu begehrt, um „einfach so" im Autogeschäft verkauft zu werden. Nein, man will dem künftigen Besitzer das Gefühl lassen, daß er sich sein Auto wirklich verdient hat. Früher gab es zu diesem Zweck die jahrelangen Warteschlangen – heute gibt es schlicht keine Autos mehr. Zumindest nicht zum offiziellen Preis. Ganze Schwärme von Beamten, Direktoren und „Bisnismeni" verdienen sich beim Zwischenhandel eine goldene Nase.
Es war einfach naiv gewesen, in Moskau zu sitzen und zu warten. Und so bin ich kurzentschlossen nach Ischewsk geflogen, 300 Kilometer vor dem Ural, meine gesamten Ersparnisse in der Tasche und von allen für verrückt erklärt. In Ischwesk fand sich ein Freund von Annas Mutter: Pawel Jewgenjewitsch, früher Dozent an der Bauhochschule, heute Ziegelsteinfabrikant. Einer der wenigen Geschäftsleute, die wirklich etwas herstellen und nicht nur handeln. Mich stellt er erst einmal im Hotel (!) ab, für Rußland eine Ungeheuerlichkeit.
 Es gibt nichts Angenehmeres und Aufregenderes, als drei Tage in einer russischen Industriestadt zu flanieren. Am vierten Tag kam die Erlösung: Jewgenjewitsch hat für mich einen

ISCH gefunden, frisch vom Fließband, zum offiziellen Preis. Zuzüglich drei Flaschen Wodka. Und was wollen wir wetten, Matjusik, daß in Kürze irgendein braver Angestellter der Autofabrik eine große Lieferung Ziegelsteine bekommt?
Noch am gleichen Abend kam Andrej, der gerade die Frühlingsferien bei seiner Frau in Moskau verbringt, mit dem Flugzeug an, und wir sind sofort aufgebrochen. Statt in Moskau hätte die Fahrt beinahe in der Wolga geendet: Eine neue Brücke bei Kasan, in Tatarstan. Sie hätte uns gleich verdächtig vorkommen sollen, zu neu war die vierspurige Fahrbahn, zu glatt der Asphalt. Und prompt tauchte plötzlich ein schwarzer Spalt vor uns auf: Ein Querholm fehlte. Aber es war schon vor uns jemand dagewesen: Zwei Holzbretter lagen bereit, vorsichtig überquerten wir den Spalt. Kaum hatten wir aufgeatmet, tat sich ein neuer Abgrund auf: Das Verbindungsstück zwischen zwei Betonplatten war spurlos verschwunden. Eine drei Fuß breite Kluft klaffte zwischen uns und der Wolga, die da dreißig Meter weiter unten vor sich hinfloß. Mit dem Mut der Verzweiflung schieben wir die bereitliegenden Eisenträger zurecht. Am Boden liegend, winke ich Andrej über den Abgrund. Geschafft! Als wir uns den Schweiß von der Stirn wischen wollen, haben zwei einheimische Spaziergänger ihre diebische Freude: Die Brücke sei gesperrt, eröffnen sie uns, und dreihundert Meter weiter stehe ein GAI-Posten. Dort werde man sich schon auf uns freuen. Aber der GAI hat Glück: Schlaftrunken läßt er uns passieren.
Nach dreißigstündiger Fahrt kommen wir in Moskau an, Annas ganze Familie bewundert das neue Gefährt: Ist er etwa nicht hübsch?
Und nachdem wir uns sechs Tage nicht gesehen hatten, verbrachten Anna und ich die Nacht sicherheitshalber im Container unseres ISCHs: Hart ist das Schicksal des russischen „Automobilisten", voller Entsagungen. Wachsam hat er zu sein, immer auf der Hut.

    Es grüßt Dich herzlich
    Dein B.

43.

Juli 1992

Matjusik,
hab keine Sorge: Wir verbringen unsere Nächte wieder zu Hause. Mit den raffiniertesten technischen Finessen geschützt, lassen wir den ISCH inzwischen allein auf der Straße.
Bald kommt die große Reise: Der ISCH hat eine lange Fahrt vor sich – Deutschland einen Schock angesichts seiner geballten Auspuffladungen: Die Autobauer von ISCHMASCH in Ischewsk haben sich nicht lumpen lassen. Einen elektronischen, umweltfreundlichen Vergaser hat unser ISCH unter der Motorhaube, das neueste und teuerste Modell. Nur, nun ja, die Sensoren dazu sind ausgegangen. Und so ist das gute, hochmoderne Teil reine Makulatur. Der Plan aber ist erfüllt.
Es ist eine wahre Tortur, zwischen zwei Welten hin- und herzureisen. Die mentale Umstellung, die weiten Wege und die ständig zu wiederholenden Erzählungen, die du schon auswendig kennst. Aber all das ist nichts im Vergleich zu den dicken Wunschzetteln, die du auf den Weg bekommst: Vom Buch für Annas Opa bis zur Haarfarbe für die Tante, alles will besorgt sein. Und glaub nur nicht, daß es in umgekehrter Richtung anders aussieht: Mancher wohlhabende Deutsche entdeckt da plötzlich eine ungeahnte Liebe zu Rußland: zu seinen Antiquitäten, Fotoapparaten, Uhren und Textilien. Es ist ja auch alles so überaus teuer in Deutschland. Und so ziehen wir jetzt, notgedrungen, von einem Geschäft ins andere. Und unterscheiden wir uns wirklich noch von jenen Touristen, die den „niedrigen" Preisen nicht widerstehen können und in eine wahre Kaufwut ausgebrochen sind: „Bitte noch 'mal 15 Tischdecken." Die Kassiererinnen zählen kopfschüttelnd das verächtlich hingeworfene Geld, für sie oft ein ganzes Jahresgehalt. Und du bist selber mitten im Geschehen: „Nicht wahr, hübsch, die Handtücher." Ich beiße mir auf

die Zunge und gehe weiter, meine randvolle Plastiktüte
erlaubt mir keinen Widerspruch.
Es macht keine Freude mehr, in die Stadt zu gehen, Matjusik.
Kommerz auf Schritt und Tritt. Kein Fleckchen, auf dem
nicht irgend etwas verkauft wird. Aufdringliche Reklame für
Waren, die sich niemand leisten kann. Mein Gott, wozu das
alles.
Ich bin schon fast froh, daß wir jetzt nach Deutschland fahren. Eine Auszeit von all dem Trubel, all der Geschäftigkeit.
Rußland, wo gehst du hin! War es das, was du wolltest?
Und doch bleibe ich hier. So weh es tut, all das mit anzuschauen. So sehr sie mich nach Deutschland holen wollen.
So kläglich meine Arbeit bei Kalaschnikowa ist. Ich kann einfach nicht mehr weg von hier.
Vielleicht sehen wir uns ja doch in Deutschland, Matjusik, ich
würde mich so über ein Lebenszeichen von Dir freuen!

44.

August 1992

Matjusik,
wie erbaulich ist es doch, mit einem ausländischen Auto in
Deutschland unterwegs zu sein. Wir fühlen uns herzlich willkommen: als „Kanaken", „Zigeuner" und „bleibt doch dort,
wo ihr herkommt!". Da hilft es auch nichts, daß ich wie eh
und je deutsch spreche, akzentfrei sogar. Mit einem „SU"-
Kennzeichen bist du für viele einfach Freiwild. All diese verwirrten Kahlköpfe haben plötzlich etwas ungemein Bedrohendes.
Sobald wir in sicherer Entfernung von unserem ISCH stehen,
sind wir wieder Mensch.
Der Ehrlichkeit halber muß ich sagen, daß man uns freundlich aufnimmt und zum Teil gar liebevoll um uns besorgt ist.
Die Herzlichkeit, die Anna des öfteren entgegenschlägt, läßt

uns die Schimpftiraden der Autofahrer vergessen. Vielleicht liegt deren geballte Wut auf unseren ISCH wirklich nur an meiner – schon recht russischen – Fahrweise?!
Thomas ist aus Neuseeland zurückgekehrt, vollgeladen mit dem Schönsten, was man von einer Reise mitbringen kann: Eindrücken. Wir lassen unsere Zeit in Moskau wieder aufleben, abends bei einem (?) Gläschen Wodka und einer „Belomorkanal", dieser Mischung aus Zigarette und Rauchbombe. Du wirst es nicht glauben, aber wir haben ein zweites Auto! Nicht für mich, nein, für Annas Vater. Er stand ganz oben auf der Warteliste und hätte heuer einen Lada bekommen sollen, wäre nicht der Zerfall der Sowjetunion dazwischengekommen. Dafür schickte uns das Schicksal irgendwo zwischen Cottbus und Bautzen einen alten Saparosch über den Weg: eine beherzte Konservendose auf Rädern. Der Schrotthändler sah uns verdutzt an, als wir ihn nach dem Preis fragten. Wollten wir uns lustig machen? Schließlich lachte er selber: „Den können Sie geschenkt haben! Nur daß die Bremsen nicht gehen!" Selbst ist der Mann, und so verbringen wir unsere Reise nach Brandenburg auf einem Autofriedhof, in intimem Kontakt mit unserem „Zappelfrosch", wie man die Saparoschs hier liebevoll nennt. Endlich haben wir ihn fahrtüchtig.
Kaum machen wir uns auf den Weg, spüre ich Nässe an den Füßen. Bremsflüssigkeit! Ein zufällig vorbeikommender Saparosch-Kenner beruhigt uns: „Das kommt vor, hat nichts zu sagen!" Ebenso scheint es vorzukommen, daß – nachts um drei auf der Autobahn – die gesamte Beleuchtung ausfällt. Auch das hat sicher nichts zu sagen, trösten wir uns. Sobald wir – es ist inzwischen Tag – in den Westen kommen, steht unser „Sapo" im Mittelpunkt des Interesses: „Wo haben Sie denn den Oldtimer her?", „ist das nicht etwa ein alter 'Prinz'?" und „da habt ihr aber viel Arbeit vor euch!" Unvergeßlich, wie wir mit unserem Sapo beim TÜV vorfuhren. Was war es, was wir da auf den Gesichtern der strengen Prüfer entdecken mußten? Ein schadenfrohes Lächeln oder

ein Anflug von Verzweiflung? Laß es mich so sagen: Wir waren letztlich unterschiedlicher Meinung über Sapos Fahrtauglichkeit. Obwohl Thomas und ich doch wirklich fleißig waren in den letzten Tagen.
Nachdem wir mit unserem letzten Geld den TÜV subventioniert hatten, blieb nur noch eine Alternative zum Schrottplatz übrig: rote Nummernschilder, die aber im Ausland nicht gültig sind. An der Grenze wird es sich entscheiden.
Auch dem ISCH wurde nicht sonderlich geschmeichelt: „Ein heißer Wagen! Und noch recht gut erhalten", bekam er im zarten Alter von zwei Monaten zu hören.
Schwer beladen mit Geschenken und Lebensmitteln machen wir uns auf den Rückweg: Der ISCH ist geräumig, und der bevorstehende Winter hart.
Hoffen wir, daß die Grenzer ein russisches Gemüt haben!
Matjusik, wo bist Du?

45.

September 1992

Matjusik,
wir haben es geschafft. Gesund, munter und mit beiden Autos sind wir in Moskau angekommen. Die deutschen Grenzer waren derart verdrossen über ihre undankbare Arbeit, daß sie unseretwegen nicht einmal von ihrer Zeitung aufschauten. Umso fürsorglicher waren die Tschechen: 170 Mark „Versicherung" wollten sie uns abknüpfen. Nach zähem und diskretem Ringen einigten wir uns auf fünfzig Deutschmark – ohne Versicherung. Die polnischen Kollegen waren im Vergleich dazu regelrecht unbeholfen: „Pan darf mit diesen Nummern nicht nach Polen!" Als Pan ihnen eine halbe Stunde auf den Nerven herumgetanzt war, hatten sie es leid: „Pan fahren!" Keinen einzigen Złoty hatten sie uns abgeknüpft, sie schienen fast schon erleichtert, als wir uns endlich davonmachten.

Die Rache des Fiskus kam später: Bei der Ausreise aus Polen mußten wir „nachträglich" eine Versicherung abschließen.
Ein sinniges Unterfangen! Die GUS-Grenzer am anderen Ufer des Bugs waren die Freundlichkeit in Person: Ohne die geringsten Bedenken schrieben die einstmals so gefürchteten Herren eine Einfuhrbestätigung aus. „Sonst noch was zu verzollen", fragten sie fast schon schüchtern. Als wir ihnen anboten, selber zu suchen, wandten sie sich erschrocken ab. Das Tohuwabohu in unserem Container hatte also auch seine guten Seiten.
Annas Vater war nach Brest gekommen. Nicht nur, daß wir einen dritten Fahrer überaus nötig hatten! Dem Wodka, den er mitbrachte, war es zu verdanken, daß wir bis Moskau durchkamen: Die Flasche wird für zwanzig Liter Benzin gehandelt.
Der russische TÜV war eine wahre Wohltat. Auch hier schieben die GAIs Dienst. Nach zehn Minuten hatte der „Inspektor" endlich die Fahrgestellnummer gefunden. „Fangen wir an?", fragte ich in meiner Naivität. Leicht verwundert drückte er seinen Stempel auf den Prüfbericht und reichte mir die Plakette: „Jetzt fahren sie zu und halten sie mir nicht den Betrieb auf!"
Überhaupt ist die GAI nicht mehr wiederzuerkennen, seit wir mit einem sowjetischen Auto unterwegs sind: Ohne Nummernschilder fuhren wir gestern an fünf (!) Posten vorbei, und glaubst du, auch nur ein einziger hätte von uns Notiz genommen? Es war also eine käufliche Freundschaft! Nur des ausländischen Autos wegen hatten sich die GAIs früher so sorgsam um mich gekümmert!
Letzteres kann man von Dir nicht behaupten, Matjusik!

46.

Oktober 1992

Matjusik,
im letzten Moment bin ich um das Schlimmste herumgekommen. Dabei weiß jedes Kind, daß man keine rohen Eier essen sollte, auch nicht im Kuchenteig.
Prompt kam am nächsten Tag die Strafe: Mein Bauch hatte sich zu Wort gemeldet. Obwohl es mir noch gar nicht so schlecht ging, bestand Anna darauf, mit mir zum Arzt zu gehen, in die Poliklinik also. Und schon war ich in die Fänge der russischen Medizin geraten.
Drei Doktoren machten sich an mir zu schaffen. Sie gingen nicht gerade zimperlich zur Sache, war ich doch mit meinem georgischen Paß gekommen. Zu viert wurden wir in einem Zimmer behandelt: Ein Alkoholiker, ein Rentner, der dem Nervenzusammenbruch nahe war, und ein strahlengeschädigter Kraftwerkingenieur. Nach einer Stunde war ich über ihre Leidensgeschichten genauso im Bilde wie sie über die meine. Das Fieberthermometer ging von einem zum anderen, ohne einen Umweg über das Waschbecken zu machen, und auch die Blutentnahmespritze teilten wir uns brüderlich.
Die Chefärztin – ein wahrer Feldwebel der Heilkunst – führte die Behandlung wie ein Kreuzverhöhr. Nach einem zehnminütigen Vortrag darüber, wie „leichtsinnig und dumm" es sei, rohe Eier zu essen, bestand sie darauf, mich in einem Infektionskrankenhaus untersuchen zu lassen.
So wartete ich – immer noch im Behandlungszimmer – auf den Krankenwagen. Nach zwei Stunden war immer noch keine „Schnelle Hilfe" – so nennt sich die Ambulanz offiziell – gekommen. Dafür kannte ich inzwischen die Wehwehchen des halben Viertels, wer wann was für einen Stuhlgang hatte und ähnlich interessante Einblicke in die Verdauungstrakte meiner Mitbürger.
Nach einer weiteren Stunde wagte ich die Flucht. Zu Hause angekommen, ging es mir schon wesentlich besser. Aber es

gab kein Entrinnen: Ein Anruf, wir sollen zurückkommen, die
„Schnelle Hilfe" sei da.
In der Poliklinik herrschte helle Aufregung. Ein Pensionär,
der gerade eine Herzattacke erlitten hatte, wartete über eine
Stunde in seiner Wohnung auf den Notarzt. Vergeblich. In
seiner Verzweiflung machte er sich mit seiner Frau selbst auf
den Weg. Zehn Meter vor den Toren der Poliklinik brach er
tot zusammen. Nur die Chefärztin bewahrt die Ruhe: „Es war
auch dumm, auf eigene Faust zu gehen!"
Man bringt mich ins Botkin-Hospital. Kaum angekommen,
wird meine gesamte Oberbekleidung katalogisiert und der
Inhalt meiner Taschen genauestens inspiziert. „Gelbsuchtstation" steht in großen Lettern auf der Tür. Schüchtern mache
ich darauf aufmerksam, daß ich doch eigentlich nur mit Verdacht auf Salmonellenvergiftung eingeliefert wurde. Es interessiert niemanden: „Später liegen Sie ja eh' alle zusammen!"
Ich fühle mich mit einem Mal außerordentlich gesund.
Ein zähes Ringen mit dem Arzt beginnt – einem liebenswerten Pensionär, der sich hier seine Rente aufbessert. Nicht
einmal der Hinweis auf meine gespannte finanzielle Situation
erweicht ihn: Dann werde man mich eben kostenlos behandeln, obwohl ich Ausländer sei. „Die Medizin kennt keine
Grenzen!"
Mißtrauisch beäuge ich die vergitterten Fenster. Ich verspreche ihm hoch und heilig, niemanden anzustecken und das
Bett zu hüten. Und außerdem ist es wohl ohnehin nur eine
Magenverstimmung.
Widerwillig läßt er mich unterschreiben, daß ich mich „bei
voller Besinnung auf eigene Verantwortung der Hospitalisierung widersetzt" habe. „Sie sind jederzeit willkommen",
droht er mir zum Abschied. Er drückt mir eine ganze Tüte
Medikamente in die Hand: „In den Apotheken werden Sie
das nämlich nicht finden!"
Vielleicht hätte ich doch dableiben sollen. Seinetwegen. Oder
war das Ganze nur eine überaus geschickte „Heilmethode"?
Auf jeden Fall bin ich gründlich auskuriert!

Und nach all dem bekomme ich gestern einen Anruf von Viktor Pawlowitsch. Statt mit Politik beschäftigt er sich jetzt mit Hühnern. Der Zusammenbruch der Sowjetunion hat jedem das seine beschert: ihm ein warmes Plätzchen in einer moldawischen Hühnerfarm. Ob ich an Geflügel interessiert sei? Was? Nein, Du bist nicht im Geflügelschäft? Ach? Und Du kennst da wirklich auch niemanden in Deutschland? Was? Du möchtest überhaupt nichts mehr mit Hühnern und Eiern zu tun haben? Aber ...
Enttäuscht verabschiedet sich mein einst so mächtiger Volksdeputierter. „Undank ist der Welt Lohn", wird es ihm durch den Kopf fahren.
Auf daß er nicht recht behält!
Du mußt mir doch irgendwann einmal schreiben!

47.

November 1992

Matjusik,
Thomas ist wieder da! Es hat ihn zurückgezogen! Es ist wie eine Sucht. Wenn du Rußland erlebt hast -erlebt!- wirst du wiederkommen.
Thomas bekam einen rauhen Empfang in Moskau. Beso hatte angerufen, ein Freund von Annas Eltern aus Suchumi, einem georgischen Kurort am Schwarzen Meer. Dringend mußte er mitsamt Fracht vom Bahnhof abgeholt werden. Und Beso wäre kein Georgier, hätte er uns anschließend nicht „auf einen Schluck mit nach oben" genommen. Freiwillig meldete ich mich als Fahrer, worüber sich Thomas – nichtsahnend – auch noch freute. Auch als Beso dann einen Zwei-Liter-Kanister unter dem Tisch hervorholte, war Thomas noch guten Mutes. Nach dem ersten Schluck aber schwante ihm Böses – bei der ersten Bekanntschaft mit „Tschtscha" verschlägt es selbst hartgesottenen Russen den

Atem. Bis zu 70 Prozent hat der selbstgebrannte georgische Wodka zu bieten.
Beso ist unerbittlich. Wo Thomas sein Glas auch versteckt, er findet es sofort mit untrüglichem Spürsinn. „Für unsere Eltern! Soll'n sie leben!" Gegen ein Uhr erhebt Beso sein Glas – so gut er dazu noch in der Lage ist – für die „arische Rasse", und er bedauert lautstark, daß Hitler den Krieg verloren hat. Alle Einwände erträft Beso im Tschatscha. Georgische Männer dulden keinen Widerspruch. Zumal bei einem Toast! Statt zu übersetzen, hecke ich mit Thomas Fluchtpläne aus. Wir trösten uns damit, daß Beso morgen früh wohl schon wieder eine ganz andere Meinung haben wird. Und schließlich lehrt Doktor Beso Sanaria ja nicht Geschichte, sondern nur Physik an seiner Suchumer Universität.
Selbstverständlich erneuern wir auf der Heimfahrt unsere freundschaftlichen Bande zur „Avtoinspekzia": Mit seinem „Taktstock" hatte uns ein musikalischer GAI instinktsicher zur Seite gewunken. „Es riecht aber sehr nach Wodka bei euch", rümpfte er zur Begrüßung die Nase. Wieder mußten wir einen langen Vortrag über die schwierige soziale Lage der GAIs über uns ergehen lassen. Vorsichtshalber bekräftigen wir unser inniges Mitgefühl mit einer „Spende für die Milizionärswitwenstiftung".
Trotz des „Vorgeschmacks" bei Beso hat sich Thomas nicht davon abbringen lassen, mit uns nach Georgien zu fahren. In einer fünfstündigen Schlange am Flughafen erstanden wir Tickets für das einzige Flugzeug nach Tiflis. Drei Monatsgehälter kostet es inzwischen. 15000 Rubel, ob Russe, Georgier oder Deutscher.
Im Flugzeug müssen wir uns überzeugen, daß das Bodenpersonal in Arithmetik nicht sonderlich bewandert ist. Da waren auf einmal mehr Passagiere als Plätze: „Achtung, Achtung! Hier spricht der Pilot! Bitte verteilen Sie sich gleichmäßig im Gang und bleiben Sie nicht alle im Heck stehen!" Zwei Minuten später: „Passagiere! Ich bitte Sie dringend, verteilen Sie sich gleichmäßig! Wir bekommen Probleme mit der Zentrie-

rung unseres Flugzeugs!" Nach weiteren zwei Minuten: „Verschwindet jetzt endlich von da hinten, verdammt!" Aber die „werten Fluggäste" scheinen neugierig darauf zu sein, was eine „Tupeljew" aushält. Mit jeder Durchsage kommen neue Passagiere ins Heck. Doch die Erfahrung des Piloten wiegt schwerer. Oder war es eben gerade diese Schräglage, der wir die sanfte Landung zu verdanken hatten? Auf jeden Fall sind wir heil heruntergekommen. Schweißgebadet und wild fluchend, verläßt der Pilot als erster das Flugzeug.

Der Flughafen ist wie ausgestorben. Ein dutzend Autos, wir Passagiere und ein ganzer Schwarm von Bewaffneten in den verschiedensten Uniformen. Vor unserer Nase feuern sie eine Salve nach der anderen in die Luft. „Den jungen Männern ist wohl langweilig", meint eine Georgierin bitter. Niemand holt uns ab, es gibt so gut wie kein Benzin mehr im Land. Die Moslems in Aserbaidshan haben den zahlungsunfähigen Christen in Georgien den Ölhahn zugedreht. Allmählich wird es einsam vor dem Flughafen. Die rätselhaften Männer mit den Kalaschnikows interessieren sich immer lebhafter für uns und unser Gepäck. In diesem gespenstigen Moment taucht Tengis – Fußgänger mit Leib und Seele – in einem schwarzen Wolga, einem Regierungsauto, auf: „Man hat seine Beziehungen!" Wir schwören uns, ihm ein Leben lang dankbar zu sein.

Nita Tabidse wartet schon auf uns: „Wie schön, daß ihr gekommen seid!" Nein, auf keinen Fall wird sie Thomas aus dem Haus geben: „So ein prächtiges Jüngelchen! Ich hab' schon ein Klappbett für ihn ins Museum gestellt!" Eine „Papyros" ist auf dem Weg zu ihrem Mund, zwei Streichhölzer strecken sich ihr entgegen. Es ist vier Uhr nachts. „Seid ihr wirklich noch nicht müde?" Hocherfreut über unser schläfriges „Nein!" stellt sie noch einmal den Teekessel aufs Gas: „Es ist wirklich schön mit euch, Kinder!"

Am Morgen die Stadt. Auf dem Rustaweli-Prospekt sind schon wieder die ersten Blumenverkäufer aufgetaucht. An jeder Straßenecke werden amerikanische Zigaretten und

Kaugummis zu Wucherpreisen verkauft. Die Oberleitungsbusse fahren wieder, selten zwar, aber immerhin. Einmal in der Woche gibt es heißes Wasser. In den Lebensmittelläden herrscht bedrückende Leere. Die Altstadt ist immer noch ein Trümmerfeld. Keine Zeit zum Aufbauen – eine Epoche des Zerstörens ist angebrochen. Alte Männer tragen mühselig den Schutt ab, den ihre jungen Landsleute hinterlassen haben. Eine Generation, die nur zu verwüsten gelernt hat.
Immer noch gibt man Festmähler uns zu Ehren. Und gerade jetzt dürfen wir sie nicht ausschlagen. Du weißt nicht, ob deine Gastgeber morgen noch etwas zu essen haben – und hast „heute wirklich keinen Hunger."
Immer noch werden aus Tiflis jeden Tag Truppen Richtung Westen geschickt, nach Suchumi. Die Abchasier haben sich unabhängig erklärt, und Tiflis antwortete mit Waffen.
Selbst die Vernünftigsten können sich der Logik des Krieges nicht entziehen. Und vieles darf nicht gefragt werden: Ob all die Greuel denn wirklich mit dem erhofften „Nutzen" zu rechtfertigen seien? Und ob es sich denn mit den Bedingungen der Abchasier so ganz und gar nicht hätte leben lassen? Hier im Kaukasus ist der Griff zu den Waffen nicht nur die „Fortsetzung der Politik mit anderen Mitteln": Er scheint die Politik gänzlich zu ersetzen. Die Toten der letzten Schlacht sind kaum beerdigt, schon stürzt man sich in ein neues Blutvergießen. Wann werden diese gebrannten Kinder endlich das Feuer scheuen?
Ich grüße Dich, Matjusik, wenn ich auch schon langsam den Glauben an Dich verliere.

48.

Dezember 1992

Matjusik, mein guter, verschwiegener Matjusik,
um ein Haar wären wir nicht in Moskau angekommen. Nirgends wären wir angekommen.
Welcher Teufel hatte uns geritten, als wir entschieden, mit dem Zug aus Tiflis zurückzufahren? Es war kein Teufel, es war unser Geldbeutel: An einen Flug ließ er gar nicht erst denken. Ein Freund Nitas „organisierte" uns die Eisenbahntickets. Das nächtelange Warten an den Kassen blieb uns erspart.
Gegen unsere leeren Taschen kam auch der Blick auf die Landkarte nicht an: Berg Karabach – Baku – Tschetschenien – Ossetien, kurz gesagt, an allen Krisenherden des Kaukasus sollte uns die Fahrt vorbeiführen. Zudem machten in Nitas Küche die wildesten Gerüchte von blutigen Bahnüberfällen die Runde.
Trotzdem waren wir frohen Mutes, als wir endlich am Bahnhof standen. Nach zwei Stunden war immer noch kein Zug da. Der Bahnhofsvorsteher – Nitas Bekannter – gab uns den Rest: „Machen Sie sich keine Sorgen, er kommt gleich. Es gab ein paar Probleme auf der Herfahrt, aber er wird gerade wieder hergerichtet." Ob er uns empfiehlt, doch lieber zu fliegen? „Nicht unbedingt. Die halten doch die Flugzeuge auch nicht mehr instand!"
Endlich waren wir in der Falle – will sagen im Zug. Kurz nach der Abfahrt – bei der zweimal die Lok gewechselt werden mußte – kam die Miliz: Hundert Rubel pro Kopf sammelten die Ordnungshüter ein. Wozu? Sollte der Zug überfallen werden, würde man sie den Banditen zustecken. „Dann geben sie meistens Ruhe!" Und auch wir sind wahrlich beruhigt.
Eine knappe Stunde später fahren wir an einem auf dem Nachbargleis stehenden, lichterloh brennenden Zug vorbei. Sind wir etwa schon auf Höhe von Nagorni-Karabach?
Ein ohrenbetäubendes Klirren läßt uns am nächsten Morgen

von den Pritschen fahren. Ein Stein hat ein riesiges Loch in unserem Fenster hinterlassen. Unsere Schlafwagenschaffnerin half uns weiter: Fürsorglich stopfte sie ein Handtuch in die gesprungene Scheibe. Ihre Konstruktion hielt bis zum ersten entgegenkommenden Zug. Tausende Glasscherben wirbelten durch unser Abteil. Aufgeregt renne ich zur Schaffnerin. Die Beste erbleicht und springt entsetzt mit mir zum Abteil: „Wo ist mein Handtuch! Gebt mir mein Handtuch zurück! Das müßt ihr mir bezahlen!" Laut schimpfend macht sie sich davon: „A mnje kakoje djela?" – „Was geht's mich an!"
So blieb Thomas und mir nur der beschwerliche Weg zum Oberschaffner – durch den halben Zug, hinweg über meterhoch gestapelte Holzkisten aserbaidshanischer Gemüsehändler und am Boden schlafende blinde Passagiere. „Euer Fenster ist eingeschlagen? Nu i schto? Na und?" Was, er ist ein Ausländer? Und ihm zieht es? In Moskau sind es 25 Grad Frost? Nu i schto? Dann hängen wir eben euren Wagen ab! Hahaha! Erst als wir eine Belohnung in Aussicht stellen, kommt Leben in unser Gespräch: „Schaut mal zu Dato, dem Schaffner vom neunten Wagen. Wenn ihr dem einen Kognak mitbringt, läßt sich vielleicht was machen!"
Wir kämpfen uns drei weitere Wagen nach vorne. Dato sitzt mit Freunden und mehreren Flaschen Tschatscha in seinem Schaffnerabteil. Sowie er das Wort „Kognak" vernimmt, geht ein Ruck durch seinen Körper: „Ich schau' dann nachher bei euch vorbei, wenn wir die Tschatscha leer haben." Zwei Stunden – und viele Flaschen – später, hat er sich, wie auch immer, zu unserem Waggon durchgekämpft. „Wo...o ist der K..k...kognak?" Nach erfolgter Vorkasse macht sich Dato an die Arbeit. Im Gang muß eines der doppelten Fenster ausgebaut und dann in unser Abteil montiert werden. Dato kämpft schwer gegen die Schrauben an, beschwört sie solange mit den wildesten Flüchen, bis alle Frauen errötet verschwinden. Aber es ist ein ungleicher Kampf. Dato gibt auf. Und so machen wir uns selber ans Werk. Während wir in jeder Kurve

am offenen Fenster ums Gleichgewicht ringen, macht sich
Dato an unserem Reiseproviant zu schaffen: Als wir das Fenster endlich montiert haben, hat er den halben Waggon mit
all den Leckereien bewirtet, die uns Nita mit auf den Weg
gegeben hatte.
Der Rest der Fahrt verlief weniger turbulent: Zweimal wurde
unser Zug überfallen, aber wir hatten ohnehin kein Geld
dabei. Ein betrunkener Mitreisender wollte Thomas „abstechen", weil er ihn auf dem Gang nicht gegrüßt hatte, aber
wir verwandelten unser Abteil in eine Festung. Die ganze
Fahrt über wird nicht geheizt. Wir hüllen uns in alles, was wir
dabeihaben. Halb erfroren kommen wir – bei minus 25
Grad – in Moskau an.
Eine traurige Nachricht erwartet uns: Beso ist nach Abchasien zurückgekehrt, es zog ihn in den Krieg. Inzwischen fehlt
jede Spur von ihm. Wir wissen nur, daß er sich freiwillig in
die Armee gemeldet hat und im Stab arbeitet.
Thomas ist wieder gefahren. Fast hatte er es eilig. Ob es ihm
nicht mehr geheuer ist?
Jelena Petrowna hat eine neue Arbeit: Als Russischlehrerin
in einer privaten „Touristenfirma". Ihr neuer Chef ist ein Student. Er mietet von der eigenen Hochschule Räume und läßt
dort Ausländer unterrichten. Um sein Studium braucht er
sich nicht mehr sonderlich zu kümmern: Seine Dozenten
sind gleichzeitig seine Feierabendangestellten. Und sie bangen viel zu sehr um ihren Nebenverdienst, um ihren Chef mit
schlechten Zensuren zu verärgern. Der Profit scheint enorm
zu sein. Aber ich kann mich nicht anfreunden mit einem derartigen „Studentenleben" im Mercedes und Seidenjackett.
Und auch Anna Georgiewna ist mit ihrem Schicksal versöhnt: Sie arbeitet wieder, als Nachtwächterin in einem
„Club" in Ljuberzy, was auch immer das sein mag.
Was soll ich tun, Matjusik, wenn Du so beharrlich schweigst,
gib' zu, Dir würde das auch nicht gefallen.

49.

Dezember 1992

Matjusik,
wir sind in einer heiklen Situation. Unsere Wohnung! Ein Ausländer hat unserem Vermieter das Zehnfache von dem geboten, was wir zahlen. Und der arme Alexander Pymakow weiß weder ein noch aus: Da ist die Freundschaft zu Annas Vater – und da ist sein Gehalt als Abteilungsleiter im Weltraumforschungszentrum in Moskau. Von 8000 Rubeln soll er seine vierköpfige Familie ernähren. Dabei bekommt er dafür kaum noch ein Paar Schuhe.
Und nur wir stehen dem bescheidenen Wohlstand seiner Familie im Weg: Das Geld, das ihm der Amerikaner bietet, würde ihm ein gutes Auskommen sichern.
Ich versuche, Pymakow zu helfen, wo ich kann, schmiede insgeheim „edle Pläne", was ich später einmal alles für ihn tun will. Und eigentlich müßten wir wohl anstandshalber von selbst ausziehen. Doch wie schwer fällt jeder Anstand, wenn dein Dach über dem Kopf davon abhängt.
Viele wollen nicht verstehen, daß ich nicht nach Deutschland zurückgehe. Sie halten mich für verrückt, weil ich hierbleibe. Den Westen stellen sich viele Russen als eine Art Schlaraffenland vor: Irgendwo, weit hinter der Grenze, ist da ein seliges Fleckchen Erde ...
Wollen sie ihre letzte Illusion nicht verlieren, oder ist es der unglückselige Hang zum Extremen? Vergöttern oder verteufeln – aber nichts dazwischen!
Rußland kann nicht leben ohne eine Heilslehre, ohne einen „Gott": Nach dem Kommunismus sind jetzt das „Busineß", der „American way of live" an der Reihe. Und man wird es mit diesen neuen Göttern genauso bis zur Absurdität treiben, wie man es mit den alten gemacht hat. Es hat schon begonnen.
Der Fortschritt muß Einzug halten, koste es, was es wolle. Ob es die Einwegverpackungen sind, die Seifenopern im Fernse-

hen oder die Flut an Reklame. All das „Versäumte" muß in Windeseile nachgeholt werden. Und ohnmächtig mußt du zusehen und ärgerst dich über deine eigene Naivität, an einen dritten Weg geglaubt zu haben.
Hattet ihr das gemeint, als ihr von Freiheit gesprochen habt? Ich fürchte inzwischen: ja!
Und ihr habt gewußt, daß ihr all die Kerasows, Tschirkows und Petrownas auch weiterhin mit Füßen treten werdet! Ihr habt euch nur ein neues Etikett für eure alten Untugenden gesucht, und wir sind euch in unserer Dummheit hinterhergelaufen.
Was soll man Rußland wünschen? Zur Ruhe zu kommen oder geliebt zu werden?
Letzteres wünsche ich mir von Dir, Matjusik!

50.

Januar 1993

Matjusik,
1993, wieder hat ein neues Jahr begonnen, und wieder machen wir uns alle die Hoffnung, daß es nicht schlechter werden kann als das letzte.
Wir haben auf der Datscha von Freunden gefeiert, drei Tage bei minus dreißig Grad. Wie immer bei solchen Frösten strahlt die Sonne. Hier, an Neujahr in Rußland, eingeschneit in einem Holzhaus, fühle ich zum ersten Mal das, was ich mir immer unter Weihnachten vorgestellt hatte. Ewig ließe es sich auf so einer Datscha leben.
Pymakow hat sich entschieden. Wir können in der Wohnung bleiben. Und seine ganze Familie ist bitter enttäuscht darüber. Was sollen wir tun, Matjusik?
Inzwischen habe ich meinen ersten Kontakt mit dem „Busineß" gehabt. Mit dem ISCH fuhr ich unseren Nachbarn nach Naro-Faminsk. „Etwas abholen" müsse er, hat er gesagt. Die

Fahrt war nicht sonderlich erbaulich. Es war ein halber Stoffladen, den wir „abholten". Die Verkäuferin wußte nichts von ihrem bevorstehenden Glück. Widerwillig fing sie an, ihm 1000 Meter Leintuch abzumessen. „Spekulantenpack", zischte es durch den Saal. Betont unauffällig hatte ich mich in eine Ecke gestellt. Als dann auch noch eine sympathische junge Frau hereinkommt, demonstriere ich verlegen mein Desinteresse: „Wozu braucht dieser Herr nur soviel Stoff?" Sie lächelt. Und dann wendet sie sich meinem Nachbarn zu: „Sie kaufen mir ja alles weg. Lassen Sie mir doch wenigstens noch einen Kilometer!" Manchmal verstehe ich diese Welt nicht mehr. Und sie mich auch nicht. Im Auto zückte mein Nachbar den Taschenrechner: Wenn er den Stoff in Moskau weiterverkauft, wird er um die 50000 Rubel Gewinn machen. Für Pymakow ein ganzes Jahresgehalt. „Busineß"! Es ist nicht jedermanns Sache, auf diese Weise Geld zu verdienen. Gerade in Rußland. Dem „Spekulieren" haftet immer noch etwas Anrüchiges an. Und doch ist es zum regelrechten Volkssport geworden. Auf der Metrostation „Sportiwnaja" gibt es schon seit Monaten kein Durchkommen. Das Leninstadion nebenan ist zum größten Basar von ganz Moskau geworden. Ganze Schwärme von „Bisnismeni" – wie jeder Spekulant genannt sein will – haben aus der „Sportiwnaja" eine regelrechte Löwengrube gemacht. Von Obst und Gemüse über Kindernahrung bis hin zu Waffen, alles wird feilgeboten, unter den gestrengen Augen von Schutzgelderpressern und Mafia. Ein abstoßendes Schauspiel.
Irgendwann einmal wird es keine Waren mehr geben, mit denen es sich handeln läßt. Dazu müßte sie ja erst einmal jemand herstellen.
Nein, ich habe absolut nichts dagegen, wenn einer nicht arbeiten will. Derartige Gefühle sind mir nicht fremd. Aber es ist widerlich, mit anzusehen, wie die einen für einen Hungerlohn mühselig etwas herstellen und die anderen – oft ohne einen Finger zu rühren – mit dem Weiterverkauf ein Vermögen schäffeln.

Trotzdem, man kann sie verstehen. Zu verführerisch ist dieses leicht verdiente Geld. Was soll aus diesem Land werden, wenn ein Holzpuppenverkäufer das Dreißigfache eines Professors verdient, ein Metzger auf dem Basar das Zwanzigfache eines Arztes und der Konstrukteur eines Flugzeugs dreimal weniger als diejenigen, die es später nach seinen Plänen zusammensetzen? Ein Schulfreund von Annas Mutter, ein Elektroingenieur, arbeitet als Hilfsarbeiter in der Fabrik, in der er früher Leiter der Entwicklungsabteilung war. Er hat selber um die Versetzung nachgesucht, weil er jetzt das Dreifache verdient und seine Kinder wieder einigermaßen über die Runden bringt.

Wer verdient daran, wenn heute in Moskau an allen Ecken und Enden Kioske aus dem Boden sprießen? Sie verkaufen fast alle ein und dasselbe – Alkohol, Zigaretten und Süßigkeiten aus dem Westen – und verschandeln die ganze Stadt. Die Verkäufer stehen denen in den staatlichen Läden in punkto Unhöflichkeit in nichts nach: Im Gegenteil, sie haben weder Vorgesetzte noch Beschwerden zu fürchten, und auch hier kann es dir passieren, das du zehn Minuten im Frost wartest, weil der Verkäufer ein Schwätzchen hält. Trotzdem, die meisten ausländischen Korrespondenten freuen sich. Endlich gibt es alles zu kaufen, der lange Weg in den Devisenladen bleibt ihnen erspart. Schön für all diejenigen, die jeden Monat ein Westgehalt auf ihr Konto überwiesen bekommen. Nur – unter den Russen gibt es da nicht sonderlich viele. Wo früher Studentencafés, Kneipen und Buchläden waren, wird heute garantiert ein Devisenrestaurant oder ein Ramschladen eröffnet. Hat der Herr Bürgermeister vielleicht auch ein paar Anteilscheine?

Die Privatisierung hat begonnen. Jeder Moskauer darf – die Presse im Westen frohlockt – seine Wohnung jetzt sein eigen nennen. Schön für den Apparatschik, der eine Fünfzimmerwohnung im Zentrum hat. Er ist über Nacht Devisenmillionär. Aber die drei Familien, die sich zusammen eine der unzähligen „Kommunalwohnungen" teilen müssen? Und wer nicht einmal so ein armseliges Zimmer hat, wie Viktor mit Frau und Kind? Wer hat das nötige Kleingeld, um Fabriken und Geschäfte zu privatisieren? Das ganze Land ist im „Wautscher-Fieber": Jeder Russe bekommt einen dieser „Privatisierungsschecks". Seinen Anteil am Staatsvermögen nennt ihn die Regierungspropaganda. In Wirklichkeit ist es ein wunderbarer Bluff: Viele der Wautscher-Besitzer, von den Rentnern über die alleinerziehenden Mütter bis hin zu den Alkoholikern, werden ihren Scheck umgehend verkaufen. Für 4000 Rubel, was gerade mal für zwei Hüte, vier Kilo Bananen und acht Flaschen Wodka reicht.

Der Rest läßt sich an fünf Fingern abzählen: Die Wautscher werden im großen Stil aufgekauft, die neureichen Reformgewinner und die alte Parteinomenklatura bekommen das Staatseigentum mehr oder weniger zum Nulltarif. Diejenigen Normalverbraucher, die ihren Wautscher nicht verkaufen, legen ihn in „Investmentfonds" an. Kurz gesagt: Wer früher mit Segen der Partei Fabriken lenkte, wird sie nun mit Segen eines Fonds leiten.

Der Oberste Sowjet hatte ein Einsehen und erließ ein konstruktives Gesetz: Die Wautscher, entschieden Chasbulatow und seine Abgeordneten, dürfen nicht weiterverkauft werden: Nur der ursprüngliche Besitzer, so das Gesetz des Sowjets, dürfe sie verwenden, und nur er selbst dürfe damit Aktien oder Anteilscheine kaufen. Ein vernünftiger Ansatz, wie er auch in anderen Ostblockländern praktiziert wurde. Nur daß man das Gesetz schlicht ignorierte. In den Medien war nur zu hören, daß Chasbulatow wieder einmal die Regierungsarbeit und die Reformen sabotiere. Was denn nun genau beschlossen wurde und warum, wird gar nicht erst näher erklärt. Staatsdatschas und Dienstwagen sind zu Schleuderpreisen zu haben. Der ganze Staat ist ein riesiger Selbstbedienungsladen der Mächtigen. Wie eh und je, nur daß man heute noch ungenierter ans Werk gehen kann. Die Moskowiter sagen es drastisch: „Die Kommunisten haben das Volk auch ständig

bestohlen, aber im Gegensatz zu den Demokraten spürten sie immer, wann die Grenze des Erträglichen erreicht war."
Wie widerwärtig sind sie, diese selbstzufriedenen, oft dicken, zuweilen auch netten Männer in ihren Staatslimousinen. Wie Blutegel sitzen sie ihrem Land seit jeher im Nacken. Ihre Selbstsucht hatte schon die Sowjetunion zur Totgeburt gemacht. Und auch jetzt tun sie ihr Möglichstes. Sie finden keinen Frieden mit sich selbst und können ihn auch den anderen nicht lassen. Es gibt sie überall, nur daß sie hierzulande besonders fest in ihrem Sattel sitzen. Und ist es nicht auch menschlich, daß sie mit ihren lächerlich niedrigen Gehältern die Amtszeit zur „Altersvorsorge" nutzen? Solange dies Land korrupt ist, bleibt es arm. Solange es arm ist, bleibt es korrupt. Und der Präsident ertränkt seinen Kummer im Wodka.
Verzeih', Matjusik, aber ich muß mir meinen Zorn einfach von der Seele schreiben.
Aber liest Du denn überhaupt, was ich Dir schreibe, Matjusik?

51.

Februar 1993

Matjusik,
eine entsagungsvolle Zeit ist angebrochen! Selbst Annas Vater hat zu leiden! Nein, nicht einmal des Geldes wegen: Die Offiziere sind die Hätschelkinder des Systems – man traut ihnen nicht über den Weg. Schuld ist vielmehr die neue Arbeit von Ljubow Borisowna, seiner Frau. Als sie noch Ingenieurin im ORGSTROIPROJEKT war, einem staatlichen Forschungszentrum für Atomkraftwerke, hatte sie zwar wenig zu beißen, aber genügend Zeit und Muse, um für ihren Gatten jeden Tag zu kochen. Seit zwei Monaten arbeitet sie in einer Privatfirma. Von früh bis spät ist sie nun mit „Businesß" – Handel also – beschäftigt. Und Michail Grigorjewitsch wider-

fährt das gleiche Schicksal wie seinen westlichen Leidensgenossen – den Opfern der Emanzipation: Der gewichtige Oberstleutnant der Roten Armee verbringt seine Feierabende zähneknirschend am Kochtopf und hat Sehnsucht nach dem Sozialismus. Damals war noch alles auf seinem Platz: Ljubow Borisowna in der Küche und er auf dem Sofa.
Endlich habe ich mich von Kalaschnikowa getrennt. Über zwei Jahre hielt unser trautes Beisammensein. Und Klara Romanowna wollte es bis zuletzt nicht mit materiellen Dingen belasten: Keine einzige Lohntüte habe ich all die Zeit bekommen.
Mein Geldbeutel wird immer dicker und ich immer ärmer. Die Inflation galloppiert und überschwemmt das Land mit Geldscheinen. Meine Kassiererin aus dem Dritten, entgegen den eigenen Beteuerungen noch nicht vom Fleisch gefallen, klagt mir ihr Leid: Vor den Kassenhäuschen der Nation kommt es immer wieder zu tumultartigen Szenen. Gewaltige Geldbündel wollen gezählt sein, der Rechenschieber – "Rußlands Computer" – rattert in einem fort: Die meisten Kassen sind bei 999 Rubeln und 99 Kopeken am Ende ihrer Möglichkeiten, alles, was darüber hinausgeht, muß mit der Hand gerechnet und geschoben werden. Zu allem Überfluß sind auch noch mehr als zwanzig verschiedene Geldscheine auseinanderzuhalten: ein Weltrekord. Fast wöchentlich kommen neue hinzu. Die gorbatschowschen 5000-Rubel-Banknoten sind ebenso himmelblau wie die jelzinschen 100-Rubel-Scheine, das alte stalinische 5-Kopeken-Stück gleicht der neuen russischen 50-Rubel-Münze auf ein Haar, das zweifarbige, spätsowjetische 50-Rubel-Stück kann man in der Eile leicht für 20-Chruschtschow-Kopeken halten. Nur mit ausgedehnten Kaffeepausen hält meine Kassiererin sich und die Kundschaft(!) bei Laune.
Annas Großvater geht es immer schlechter. Die Umwälzungen im Lande machen Boris Iwanowitsch schwer zu schaffen. Als Verwaltungschef des Verteidigungsministeriums war er früher ein hoher Militär. Die Arbeit im Generalstab hat bis

heute Spuren in seiner Ausdrucksweise hinterlassen: „Rastreljat! Erschießen!": Politiker, Spekulanten und Mafia. Angesichts der Macht, die er früher innehatte, läßt mich diese Ausdrucksweise zuweilen erschaudern.
Doch Boris Iwanowitsch ist einer, der immer aufrecht ging – selbst wenn es schon an Schroffheit grenzte: Da war er Vorsitzender der Wohnungskommission, und weder er noch seine Tochter bekamen eine Wohnung, obwohl sie ihnen schon lange zugestanden hätte: „Als Vorsitzender kann ich doch meiner Tochter nichts zuteilen!"
Mit Jaruzelski war er befreundet, mit Hoffmann und mit Keßler: „Stimmt es wirklich, daß sie ihn jetzt eingesperrt haben bei euch in Deutschland?" Verständnislos schüttelt er den Kopf.
Boris Iwanowitsch geht an der neuen Welt zugrunde. Er zeigt mir sein altes Fotoalbum: Warschau, Prag, Paris, Wien. Ein Bankett mit einem bulgarischen Minister. Und daneben kaum lesbar mit Bleistift gekritzelt: „Wir waren doch so gute Freunde! Bis sie alles zerstört haben!" Hastig blättert er weiter.
Und ich traue mich nicht, ihm in die feuchten Augen zu schauen.
Es ist eine schwere Zeit, Matjusik!

52.

März 1993

Matjusik,
ist das noch die gleiche Stadt, in die ich vor drei Jahren gekommen bin? Sind es noch die gleichen Menschen?
Die Ratten verlassen das sinkende Schiff: Klara Romanowna Krisenko („Krisa" heißt zu deutsch Ratte – was nicht meine Schuld ist) will mit ihrem Mann nach Deutschland aussiedeln. Wo sie nur plötzlich das „deutsche Blut" herhaben?
Andere dagegen zieht es zurück: Salafdi hat mich angerufen,

mein erster Lehrer. Rußland hat ihn wieder. Nein, nicht etwa seine Lederjacke wollte er abholen. Ob ich kein Auto brauche? Alle Marken hätte er anzubieten! Zu einem Freundschaftspreis! Nur für mich! Gerne auch ganze Partien! Mit guter Provision!
Salafdi mußte einsehen, daß es sich vom Autoverkauf besser leben läßt als von der Pädagogik. Und so hat der „Herr Dozent" jetzt seinen Lehrstuhl mit dem Ledersessel in einer der unzähligen neuen Handelsfirmen vertauscht. Das nötige Talent kann ich ihm nicht absprechen.
„Aber wir haben doch früher so gut zusammengearbeitet", meint er enttäuscht, als ich ihm einen Korb gebe. „Wenn du Zigaretten oder Likör brauchst, ruf' unbedingt an!" Ich verspreche es ihm.
Für Sascha Kerasow hatte ich eine Arbeit gefunden: Zufällig habe ich den Direktor einer kleinen, privaten Möbelfabrik kennengelernt. Meiner gesamten Überredungskunst und ein paar Flaschen Wodka war es zu verdanken, daß er Sascha schließlich anstellen wollte. Sascha war nicht gerade hellauf begeistert, aber einverstanden. Und da sitze ich dann mit dem Direktor im Empfangszimmer – und wir warteten vergeblich auf Sascha: Er war einfach nicht zum Vorstellungsgespräch gekommen. Am nächsten Tag ruft er an: „Entschuldige! Aber ich weiß nicht so recht. Jeden Tag die lange Fahrt. Und überhaupt. Ich möchte mir das erst noch einmal überlegen." Wieder machen wir einen Termin aus. Am Vorabend ruft Sascha an: „Ich weiß noch nicht, ich glaube, das ist nichts für mich. Und wenn, dann nicht morgen. Vielleicht nächste Woche!"
Und ich? Es geht mir gut, so gut, wie es mir gehen kann! Matjusik, was soll ich tun, wenn Du mir nicht endlich einmal schreibst?

53.

April 1993

Matjusik,
ich bin in Wladimir. Eine wunderbare alte Stadt am „Goldenen Ring" Rußlands. Ich arbeite mit einem Fernsehteam. Durch Zufall bin ich dazu gekommen. Wir wohnen im Hotel. Man verlangt von mir den Devisentarif: Als Georgier sei ich ja nun Ausländer, meinte die Dame vom Empfang. Würde nicht das Fernsehen bezahlen, ich hätte ein echt georgisches Temperament entwickelt und solange auf sie eingeschrien, bis sie zur Vernunft gekommen wäre. Und so laut, wie meine Landsleute(-frauen!!!) schreien, kommt man schnell zur Vernunft!
Im einzigen Restaurant gibt es jeden Abend eine Varieté-Vorstellung: „Striptease" nennt sich das großtuerisch. Das Programm kennen wir inzwischen auswendig. All das gehört ja in gewissem Sinne mit zur Arbeit.
Wieder steht eines der großen „Gesellschaftsspiele" an: Referendum nennt es sich: „Vertrauen Sie Ihrem Präsidenten?" Die Propagandamaschine läuft auf Hochtouren. Fernsehen und Zeitungen haben ihre Lektion aus sowjetischen Zeiten gut gelernt: heute wie damals hohle Phrasen statt Argumente, plumpe Manipulation statt Information. „Wer für Rußland ist, ist für Jelzin!" tönt es in der Hauptnachrichtensendung. Hinter dem Obersten Sowjet hingegen stehen die Kräfte der Finsternis.
Hier in Wladimir hofiert man uns regelrecht. Die ganze Stadt spricht wahrscheinlich schon von den verrückten Deutschen mit der Kamera. Die Apparatschiks sind mit einem Mal die Freundlichkeit in Person.
Wir drehen ein „Rockkonzert zur Unterstützung des Präsidenten": Ganze zweihundert Zuhörer verlieren sich auf dem größten Platz von Wladimir. Ein amerikanischer Wunderheiler preist Jelzin an: „He's great, isn't he?" Dann endlich bringt (!) man den „Vertreter des Präsidenten". Und wenn

vieles, was er sagte, für die Deutschen verwirrt klang, dann lag das nicht an ihren Russischkenntnissen: Jelzins Gouverneur war nicht mehr ganz nüchtern – schließlich weiß er ja, wen er zu vertreten hat.
„Wer den 'Rock für Jelzin' finanziert?" – „Nun ja, es sind vor allem die neuen Privatunternehmer." Sie wissen, was ihnen Jelzin wert ist!
Am Abend drehen wir die „Predigt" des amerikanischen Wunderheilers: Er ist über die Anwesenheit des Fernsehens ebenso begeistert wie das Publikum über seine Heilkünste: Hinkende hinken mit einem Mal schneller, Schwerhörige hören wieder (die wattstarke Verstärkeranlage läßt grüßen), leidgeprüfte Rheumatiker humpeln in neuer Frische über die Bühne: Der Amerikaner ist ein Meister seines Faches. Gelangweilt vertreten wir uns die Füße hinter der Bühne und trauen unseren Augen nicht: Die „Meßdiener" sitzen im Halbdunkeln einträchtig versammelt um einen Tisch, auf ihm ein gewaltiger Haufen Geld. Man zählt Spenden mit gieriger Hast. Eine Szene wie aus einem Gangsterfilm. Der Guru preist unterdessen drei Meter weiter Enthaltsamkeit und Armut. Die Spendenfreudigkeit der Gläubigen reißt nicht ab, man ist mit ganzem Herzen bei der Sache, und so manche Rentnerin trennt sich in gutem Glauben von ihren letzten Rubeln. Amerika, das Land der unbegrenzten Geschäftstüchtigkeit, und Rußland, das Land der unbegrenzten Arglosigkeit! Wenn sie aufeinanderprallen, geht es nicht ohne Tränen ab.
Es gibt noch einen Deutschen hier in Wladimir. Auch er ein Businessman (ich kann das Wort nicht mehr hören). Er hält Vorträge an der Hochschule: Wenn ich richtig verstanden habe, geht es darum, Rußland in zehn Jahren auf „deutsches Niveau" zu bringen. Gott habe ihn selig! Die entnervte Dolmetscherin versucht verzweifelt, Wörter wie „aggressives Produktplacement" ins Russische zu übersetzen. Man nickt höflich. Über die russische Lebensauffassung ist der Deutsche erschüttert: „Stellen Sie sich vor, komme ich dort an, und da

liegen die einfach auf der Terrasse und ruhen aus! Liegen einfach da und tun nichts! Genießen den Tag! Ha! Man kann es gar nicht glauben." Ja, man kann es gar nicht glauben. Zum Schluß meint er, ich hätte gute Chancen, eine Arbeit bei ihm zu bekommen. Welch rosige Aussichten!
Abends im Zimmer schalte ich den Fernseher an: Was für ein Glück, daß wir zu Hause keinen haben. Reklame, Reklame und noch einmal Reklame. Am Ostersonntag auf allen fünf Kanälen gleichzeitig Gottesdienste. Entweder ganz oder gar nicht. Rußland kennt keine Mitte!
Morgen fahren wir zurück nach Moskau, meine „Dienstreise" ist beendet.
Im Gegensatz zu unserer Freundschaft, hoffe ich, Matjusik!

54.

Mai 1993

Matjusik,
ich bin wieder mit dem Fernsehen unterwegs, in Kalmückien, einer kleinen Steppenrepublik zwischen Kaukasus, Wolga und Kaspischem Meer. Vor ein paar Monaten haben die Kalmücken zum ersten Mal einen Präsidenten gewählt: einen dreißigjährigen Devisenmillionär, Kirsan Iljumschinow. Seinetwegen sind wir nun hier.
Drei Stunden warten wir im Haus der Regierung auf das Interview mit dem „Herrn Präsidenten". Gegen drei Uhr nachts läßt er endlich bitten, im Gegensatz zu uns hellwach. Seine Antworten spult er wie auswendig gelernt herunter. Einer, der seine Rolle gut gelernt hat und doch nicht so recht überzeugt. Wie wurde er mit dreißig Devisenmillionär in Rußland? Sobald es ums Geld geht, weicht Iljumschinow aus. Dafür werden wir kräftig zur Kasse gebeten. Vom Auto über die Akkreditierung bis zum Hotel – für alles zahlen wir atemberaubende Preise. Der Präsident demonstriert seine Volks-

tümlichkeit: Wir sind bei ihm zu Hause zu Gast, in einem bescheidenen Holzhaus. Iljumschinow verschweigt, daß ein paar Kilometer weiter der Palast des früheren KPdSU-Sekretärs für ihn renoviert wird.
Wir fahren nach Kaspiski, im Morgengrauen geht es mit einem Fischkutter aufs offene Meer hinaus. Jetzt im Mai ist Kaviarsaison. Vor unseren Augen werden die gewaltigen Störe ausgenommen, ein grausames Schauspiel. Der Kaviar – frisch aus dem Bauch – wird gesalzen, an der Reling zum Trocknen ausgehängt, und nach einer Stunde steht er auf dem Tisch. Zu jeder Mahlzeit gibt es riesige Schüsseln mit dem schwarzen Gold: Tellerweise wird es verschlungen. Zum Abschied schenkt der Bürgermeister jedem von uns eine Papiertüte mit Kaviar und einen riesigen Stör, den wir zu zweit nur mit Mühe in unser Auto – einen Wolga aus dem Fuhrpark des Präsidenten – schleppen. Die ganze Nacht sind wir am Schneiden und Zerlegen.
Auf der Rückfahrt machen wir Bekanntschaft mit den „Wüstenschiffen": Kamele, Sand und Militärjeeps versetzen uns aus Kalmückien in die Sahara. Nur die Funktionäre, die uns begleiten und ständig mit Wodka-Flaschen hinter uns her sind, holen uns in die russische Wirklichkeit zurück.
Morgen geht es zurück nach Moskau. Im Flugzeug werden uns die anderen Passagiere verfluchen – zu penetrant riecht dieser gewaltige Stör.
Ich muß Schluß machen, unser Kameramann kommt mit dem Kopf nicht zurecht!

55.

Juni 1993

Matjusik,
Andrej ist in Moskau. Larissa, seine Frau, hat – neben der Dissertation – eine Arbeit gefunden, als Sekretärin „dient" sie jetzt in der Iranischen Botschaft, tief verschleiert. Larissa ist nun stolze „Devisenbesitzerin", auch wenn sie von ihren 100 Dollar Monatsgehalt keine großen Sprünge machen kann. Andrej, der an seiner Schule umgerechnet nur ein paar „Grüne", wie man die Dollars nennt, verdient, hat Angst, daß Larissa nicht mehr nach Belzy zurückkommt: „Was soll ich mich da für ein paar Cents im Monat abrackern", meint sie. Und so wird Andrej weiterhin als Strohwitwer mit Tochter und Schwiegermutter in Moldawien bleiben.
Vor drei Wochen wurde sein Paß beschlagnahmt: Die „Republik Moldowa" macht mobil gegen die abtrünnige „Pridnjestrowije", Soldaten werden gebraucht. Andrej kann nun jeden Tag eingezogen werden, ja offiziell hätte er gar nicht nach Moskau fahren dürfen. Er als Russe soll für Moldawien gegen die ukrainische Pridnjestrowije kämpfen. Wozu? Wozu nur? Noch nie habe ich Andrej so ratlos, so traurig erlebt. Seine frühere Lebensfreude scheint mit einem Mal verflogen. Und so sehr wir uns bemühen: Ohne Aufenthaltsberechtigung, heißt es überall, kann er keine Arbeit in Moskau bekommen. Und ohne Arbeit ...! Und du bist diesem Wahnsinn hilflos ausgeliefert! Nie habe ich Andrej so deprimiert erlebt.
Letzte Woche sollte ich nach Riga fliegen zu den Parlamentswahlen: Die Reise endete in Moskau am Flughafen, die Grenzer – eine Unterabteilung des KGB – erwiesen sich als unüberwindliches Hindernis. Während die Russen mit ihrem Inlandspaß ins Baltikum reisen dürfen, brauche ich, weil ich ahnungslos mit meinem deutschen Paß unterwegs war, plötzlich ein spezielles Ausreisevisum. Die Schranke blieb zu, Riga und Wahlen ade.

Statt nach Lettland fahren wir zu den Tschirkows auf die Datscha. Den ganzen Sommer über wohnen sie hier, auf der Flucht vor der engen Stadtwohnung und den Schwiegereltern. Die Allergien der kleinen Kirka sind ebenso plötzlich verschwunden wie ihr Husten: Sie erholt sich von der Moskauer Luft.
20000 Rubel Stipendium bekommen die Tschirkows im Monat. Das reicht gerade mal, um Kira eine Woche anständig zu ernähren. Von spezieller Kindernahrung oder Papierwindeln gar nicht zu sprechen. Viktor arbeitet neben dem Studium für eine Softwarefirma, die Programme für eine Uhrenfabrik schreibt. Am Lohntag bekommt er statt Rubel Taschenuhren. Und die lassen sich nur schwer an den Mann bringen in so stürmischen Zeiten. Und auch das Stipendium wird nur unregelmäßig ausgezahlt, oft mit zweimonatiger Verspätung. Dem Obst und dem Gemüse von der Datscha sowie Freunden in Amerika, die regelmäßig Hilfssendungen schicken, ist es zu verdanken, daß die kleine Kira nicht vom Fleisch fällt.

56.

Juli 1993

Matjusik,
ich kann es noch gar nicht glauben, daß ich wirklich wieder hier in Moskau bin und nicht in Sewastopol im KGB-Isolator, wie man Untersuchungsgefängnisse hierzulande nennt. Angefangen hat alles ganz harmlos, wir sind zum Drehen auf die Krim gefahren, eine Reportage über einen 28jährigen ukrainischen Multimillionär sollten wir machen: Die halbe Stadt gehört dem zwielichtigen Geschäftsmann, der Präsident der Halbinsel werden will.
Im Sommer auf die Krim – kann es eine schönere Arbeit geben? Der zwielichtige Schuriga, der sein Vermögen auf

3 Billionen Karbowonzy schätzt, war die Freundlichkeit in Person, der Strand alles andere als überfüllt und vom Ausnahmezustand, den man über Sewastopol verhängt hatte, nichts zu spüren.
Bis am dritten Tag spät abends vor dem Hotel zwei Mitarbeiter Schurigas – dicke, glatzköpfige Männer im Anzug – auf uns zukamen, ihren KGB-Ausweis vorzeigten und verlangten, wir sollten ihnen unsere Kassetten aushändigen und die Stadt innerhalb von zwölf Stunden verlassen. Sie waren an die Richtigen geraten! Unerschrocken hielt Sergej, unser Kameramann, ein vorbeikommendes Auto an. Das Schicksal war auf unserer Seite – das heißt, eine Russin war am Steuer. Die Russen sind auf die Ukrainer – zu denen die Krim jetzt gehört – nicht sonderlich gut zu sprechen. So störte es die mutige Fahrerin kein bißchen, daß ihr der „KGBschik" – wütend mit seinem Dienstausweis fuchtelnd – drastische Strafen androhte. Sie nahm uns mit, kurbelte – nicht gerade druckreif schimpfend – das Fenster hoch – und wir fuhren der ukrainischen Staatssicherheit vor der Nase weg.
Als ob wir in einen billigen amerikanischen Agentenfilm geraten wären: eine wilde nächtliche Verfolgungsjagd durch die ganze Stadt, der halbe KGB von Sewastopol auf unseren Fersen. Doch die Tschekisten hatten nicht mit der Verschlagenheit von Jelena, unserer Fahrerin, gerechnet: Eilig bog sie in eine kleine Seitenstraße ab, die Lichter aus – und der geballte Zorn der Kiewer Staatsgewalt zischte an uns vorüber. Jelena war außer sich vor Freude, den verhaßten ukrainischen Behörden eins ausgewischt zu haben. Sie brachte uns zu einer Freundin: „Hier seid ihr sicher! Ruft auf keinen Fall bei mir zu Hause an, die hören jetzt sicher mein Telefon ab, die haben ja meine Autonummer!" Zwei Tage blieben wir in der konspirativen Wohnung: Weder die Botschaft noch die russische Schwarzmeerflotte können (wollen?) uns helfen: Bis zuletzt hatten es die ukrainischen Behörden hinausgezögert, uns die zugesagte Drehgenehmigung schriftlich zu bestätigen, und so saßen wir mit leeren Händen da. Unser Multimil-

lionär hüllte sich indessen in Schweigen – von seinem Sekretär bis hin zum Finanzberater, alle scheinen sie auf der KGB-Lohnliste zu stehen. Ihn selbst bekommen wir nicht mehr zu Gesicht.
Sergej hat sich in die Stadt gewagt – und irgend jemand hat ihn tatsächlich erkannt. Nur seine schnellen Füße und der Wirrwarr auf dem Basar haben ihn gerettet. Es war Zeit zu gehen, wenn wir unseren Gastgebern so unwillkommen waren. Nur daß wegen des Ausnahmezustands die Stadtgrenze wie eine Staatsgrenze bewacht wird. Jelena war mit Rat und Tat zur Stelle: Sie schickte uns einen „Fluchtwagen". In der Dämmerung fuhren wir los – an den Strand, wo wir zum Abschied noch einmal ausgiebig badeten. Dann brachte uns der Fahrer an einen Fluß: „Hier ist eine Furt, geht vorsichtig ans andere Ufer, das ist schon außerhalb! Ich komme dann später nach!"
Wie hilfreich doch so ein Kofferraum ist! Der Fahrer unseres „Fluchtwagen" brachte die ganze Kameraausrüstung unbeschädigt über die „Grenze", nachdem er zuvor den Diensteifer der Milizionäre mit zwei Flaschen Wodka besänftigt hatte. In Belokamensk stiegen wir in den Krim-Expreß und atmeten erst auf, als wir wieder russischen Boden unter den Rädern hatten.
In Moskau angekommen, nahmen wir Rache. Wir ließen einen Kollegen in Kiew anrufen: Unser Fernsehteam sei verschollen, meldete er den arglosen Beamten im Außenministerium, der KGB sei hinter ihm her gewesen, einen internationalen Skandal werde es geben, die Botschaft sei eingeschaltet. Am anderen Ende der Leitung wurde man nervös. Nach zwei Tagen und für den KGB sicher schlaflosen Nächten plötzlich ein wütender Anruf von der Krim: Die Geheimdienstler hatten – wie auch immer – herausbekommen, wann und wo wir in den Zug gestiegen waren. „Schert euch zum Teufel ihr Verfluchten ...." Wir waren beeindruckt von der Vielfältigkeit der ukrainischen Schimpfwörter.
Der Westen hat mich wieder in seinen Fängen. Ich werde

jetzt als „fester" für die Fernsehagentur, mit der ich nun schon dreimal unterwegs war, arbeiten. Noch zwei Wochen Freiheit sind mir geblieben, und es gelingt mir nicht, sie in vollen Zügen zu genießen.

57.

Juli 1993

Matjusik,
meine Wege kreuzen sich erschreckend oft mit der Staatsgewalt: Diesmal war es das berüchtigte Butirka-Gefängnis. Keine Angst, ich war nur als Gast ist diesem schrecklichen Zwinger, den Katharina die Große vor fast 200 Jahren bauen ließ. Inzwischen haben sich die Verhältnisse ein wenig geändert: 100 Häftlinge teilen sich die Zellen, die für 30 geplant sind. Betten sind Mangelware, und so wird in Schichten á 8 Stunden geschlafen. Der entnervte Direktor erklärt uns, warum er genauso Gefangener seiner Häftlinge ist wie sie die seinen: „Wir haben viel zu wenig Personal. Ständig müssen wir auf eine Geiselnahme oder eine Rebellion gefaßt sein. Da helfen nur gegenseitiges Verständnis und Achtung weiter."
Fehlt dieses „Verständnis", wird der Direktor böse: „Vor zwei Monaten ist einer unserer Häftlinge ausgebrochen. Ich habe ihm ausrichten lassen: Entweder du kommst freiwillig und lebendig zurück oder tot. Man muß sich zu helfen wissen. Ich habe meine Kanäle." Fast habe ich Mitleid mit dem entlaufenen Häftling.
Wieder haben wir Probleme mit der Wohnung. Obwohl wir – der neuen Arbeit sei's gedankt – Pymakow nun endlich eine anständige Miete zahlen können, müssen wir unser Heim wohl verlassen: Pymakow braucht die Wohnung selber, seine Ehe geht in die Brüche.

Es grüßt Dich herzlich B.

58.

Juli 1993

Matjusik,
wir wohnen bei Annas Eltern. Es ist eng in ihrer kleinen Drei-Zimmer-Wohnung zu fünft mit Hund und allerlei Ungeziefer. Zum Teufel mit all dem Geld, das ich verdiene, wenn wir nicht einmal ein eigenes Dach über dem Kopf finden. Die Plattenbauweise ist nicht nur unansehnlich, sie hat es auch „in sich": Mit jedem Huster erfreust du die ganze Familie. An ein Intimleben ist gar nicht erst zu denken. Gegen fünf Uhr morgens holt dich wildes Hundegebell aus den Federn. Da es in russischen Häusern weder Vorratskeller noch Dachböden gibt, stolperst du schlaftrunken über Wintervorräte, Autoersatzteile und Werkzeug in Richtung Bad – wo es wieder einmal kein heißes Wasser gibt.
Nach eineinhalb Stunden in überfüllten Straßenbahnen, Bussen und Metrowaggons kommt du – reif für den Feierabend – im Büro an. Auch da geht es nicht schneller vonstatten: Vor jedem Dreh hat das Moskauer Verkehrchaos stundenlanges Staustehen gesetzt.
Wenn du dann endlich angekommen bist – wie zuletzt am Flughafen – fehlt irgendein Stempel auf der Drehgenehmigung, und du darfst wieder durch die halbe Stadt zu irgendwelchen Behörden fahren, wo der zuständige Abteilungsleiter nicht aufzufinden oder in einer Besprechung ist.
Milizionäre beschlagnahmen nach Lust und Laune die abgedrehten Kassetten, und du kannst dich stundenlang in irgendwelchen Polizeirevieren mit Milizoffizieren herumstreiten: Nur bei hohen Scheinen drückt man ein Auge zu.
Selbst zum Briefeschreiben bleibt kaum noch Zeit.

59.

Juli 1993

Matjusik,
die Apparatschiks haben sich ein neues Spiel zur Unterhaltung ihrer Untertanen ausgedacht. Wieder einmal wird über Nacht das Geld ungültig: Am Freitag verkündet man dem entsetzten Volk in den Hauptnachrichten, daß alle Scheine, die vor 1993 gedruckt wurden, ab Montag nur noch Papier sind.
Es herrscht Panik in der Stadt. Die Geschäfte platzen aus allen Nähten, jedermann will das alte Geld loswerden, und wenn er nur einen Ladenhüter dafür kauft. Teuere Geräte wie Kühlschränke und Waschmaschinen sind schon im Morgengrauen ausverkauft. In den staatlichen Läden stöhnt das Personal, die Spekulanten reiben sich die Hände.
Am Montag bricht das Geschäftsleben dann endgültig zusammen. Was selbst den Putschisten nicht gelang, haben die neuen Herrscher mit einem Schlag erreicht: Es gibt keine Zeitungen in der Stadt, die Zeitungshändler sind mit einem Mal verschwunden – alle kleineren Geldscheine sind ungültig, und da lassen sich keine Geschäfte machen.
In den Läden gibt es stundenlange Warteschlangen vor den Kassen. Statt Wechselgeld bekommt man Streichhölzer, Zwieback und Bonbons. Und das Abwiegen auf den alten Waagen dauert seine Zeit.
Am Abend erklärt ein verwunderter Jelzin im Fernsehen, er habe von der ganzen Sache nichts gewußt. Per Dekret werden die kleinen Scheine wieder gültig. Die großen müssen in den Sparkassen in neues Geld umgewechselt werden, 100000 Rubel wird man pro Person bar tauschen: Dafür kann man gerade mal zwei Paar Schuhe und einen Mantel kaufen.
Wir drehen vor den Sparkassen: riesige Warteschlangen und in der Tür ein kleines Schildchen: „Wir haben leider kein Geld vorrätig. Bitte haben Sie Geduld." Wer sein Gehalt oder

seine Rente in alten Scheinen ausgezahlt bekam, hat schlicht Pech gehabt. Niemanden kümmert es, wie er sich sein Brot kaufen soll. Notgedrungen muß er sich an die Schwarzhändler wenden, die überall ihre Dienste anbieten: Um die 30 Kopeken bieten sie für einen Rubel. Zweimal treffen wir einen Notarztwagen vor einer Sparkasse. Die Diagnose beide Male: Herzinfarkt.
Auch bei uns in der Wohnung wird es eng: Ilwira Igorjewna ist aus Taschkent angereist, völlig überstürzt und entnervt. Vor zwei Wochen hat sie ihre Wohnung in Usbekistan verkauft, für das Geld wollte sie sich ein kleines Haus in Rußland kaufen. Und nun ist das Vermögen von gestern mit einem Mal nichts mehr als ein Haufen Papier. Ilwira sitzt weinend vor dem Fernseher und wartet vergeblich auf ein Wunder – es bleibt aus, und wir wissen nicht, wie wir ihr helfen sollen.
Noch vor zwei Wochen hat das Finanzministerium großspurig verkündet, die alten Scheine werden weiterhin gültig bleiben. Heute wollen die Ministerialen nichts von der Reform gewußt haben. Und auch die Zentralbank weist alle Schuld von sich. Genau genommen scheinen alle von Anfang an gegen die Reform gewesen zu sein. Man schiebt sie Chasbulatow – dem Parlamentssprecher – in die Schuhe, der für alle Sündenfälle der russischen Politik herhalten muß. Was täte die Regierung ohne ihren Chasbulatow!
Und auch ich bekomme mein Fett ab: Mit 10000 neuen, russischen Rubeln in der Tasche gehe ich in den „Gastronom" um die Ecke. An der Kasse reißt man mir den Einkaufswagen aus der Hand. Auch mein Schein ist ungültig, weil er 1992 gedruckt wurde. Mein Einwand, es sei doch trotzdem schon ein neuer, russischer Schein, entlockt der Kassiererin nur ein Lächeln. Auch der Hinweis auf Jelzins Erlaß -"alle russischen 10000 Rubelscheine werden unbegrenzt eingetauscht"- hilft nicht weiter: „A mnje kakoje djela? Was geht's mich an? Der kann unterschreiben, was er will, wir nehmen den Schein nicht!" Die gleiche Aus-

kunft bekomme ich in der Sparkasse: „Wir haben keine
Anordnung von unserer Zentrale."
Die reichen Essensvorräte der Eltern helfen weiter.
Ohne rechten Appetit kauen Ilwira Igorewna, Anna und ich
auf unserem Gemüse aus der Dose.

60.

August 993

Matjusik,
wir haben eine neue Bleibe gefunden über einen Makler, eine
Ein-Zimmer-Wohnung im Zentrum, in der Nähe vom Maja-
kowski-Platz. Wir zahlen 250 Dollar Miete – es war uns egal,
wir wollten endlich wieder unsere eigenen vier Wände: ohne
allmorgendliches Hundegebell, Autoersatzteile und Fauna.
Nach zweitägigem Kampf mit den ansässigen, riesigen
Kakerlaken gewinnen wir unter Einsatz hochmoderner Che-
mie die Oberhand.
Unter unseren Fenstern tobt der Moskauer Verkehr: Der
Gartenring mit seinen 14 Spuren läßt keine Einsamkeit aufkommen. Zur Stoßzeit vibriert das ganze Haus. Der Architekt
schien anno dazumal – zur Stalinzeit – noch nichts vom
bevorstehenden Autoboom geahnt zu haben. Eine zentime-
terdicke Rußschicht auf den Fensterbrettern führt uns vor
Augen, wie es in Kürze in unseren Lungen aussehen wird.
Der alte Vorsatz, nicht mehr zu rauchen, hat sich fürs erste
erledigt. Dafür bleiben mir Busse und Straßenbahnen
erspart, das Büro erreiche ich zu Fuß. Und in Kürze werden
wir unser neues Reich in einem bewohnbaren Zustand
haben.
Alte Freunde melden sich wieder: Tamara ist aus Moldawien
nach Moskau gekommen. Auch sie ist ein gebranntes Kind
der Geldreform. In drei Wochen sollte sie ihren Kuraufenthalt
in der Ukraine antreten. Nun ist das angesparte Geld dort

nicht mehr gültig, während man es in Moldawien immer noch akzeptiert. Man hat schließlich kein anderes!
Schwer bepackt mit Schuhen aus der örtlichen Lederfabrik kam Tamara angereist: Die Ware galt es in Moskau an den Mann zu bringen. Tamara fürchtete sich, die Schuhe selbst auf dem Markt zu verkaufen – „Reketjory", Schutzgelderpresser, hätten ihr die Hälfte abgenommen. In den Geschäften aber fand das moldawische Schuhwerk keinen Anklang. Wir klappern mit Tamara die gesamte Verwandschaft ab, aber den einen fehlt es am nötigen Bargeld, den anderen passen die Schuhe nicht.
Unverrichteter Dinge fährt Tamara zurück nach Rybniza – der langersehnte Kuraufenthalt wird ausfallen. Auch für Viktor Pawlowitsch habe ich keine Neuigkeiten parat: Das Geflügelgeschäft geht schlecht, und im Schnapsgroßhandel, den der frühere Volksdeputierte nun für sich eröffnet, kann ich ihm ebensowenig weiterhelfen.
Auch Anna Georgiewna ist ins Busineß gegangen. Die Stelle als Nachtwächterin hat sie gekündigt und handelt nun mit Klopapier in der Metro: In Moskau ist dieser Luxusartikel wie ehedem Mangelware, bei ihr zu Hause in Ljuberzy liegt er in den Regalen, weil die Vorstädter mit ihren niedrigeren Löhnen Zeitungen vorziehen. Zwei Rollen muß die „Heldin der Arbeit" und „Verdiente Vorkämpferin für den Atheismus" pro Tag verkaufen, um der örtlichen Mafia das „Standgeld" zu bezahlen. Von jeder restlichen Rolle macht sie 150 Rubel Gewinn. Bei acht verkauften Rollen macht das 900 Rubel, und so kommt Anna Georgiewna bei 25 Arbeitstagen auf 22500 Rubel im Monat. Fast doppelt soviel, wie ihr Gehalt als Nachtwächterlohn und mehr als ihre Rente. Business as usual.
Und auch ihre Schwiegertochter Shenja hat ihre alte Arbeit als Krankenschwester aufgegeben. Sie arbeitet jetzt in einer privaten Handelsfirma, wo sie das dreifache an Gehalt bekommt, das pünktlich an jedem Monatsende ausgezahlt wird. Von ihren früher sechs Kolleginnen auf der Station sind

nur noch drei geblieben – die jetzt die doppelte Arbeit zum gleichen Lohn verrichten und nur darauf warten, bei der nächsten Gelegenheit den Job zu wechseln.
Doch obwohl die Kerasows ihren Platz in der neuen Welt gefunden haben, reicht es hinten und und vorne nicht: Auf knapp 80000 Rubel kommen sie im Monat, etwa 70 Dollar (inzwischen wird alles in Dollar umgerechnet), und das reicht kaum für die nötigsten Lebensmittel.
Ilvira Igorjewna ist mitsamt ihren Millionen nach Taschkent zurückgeflogen: Dort sind die alten Scheine per Regierungserlaß zwar wieder gülig, für ein Haus in Rußland reicht das aber noch lange nicht. Für einen neuen russischen Rubel werden zwei alte „Leninrubel" verlangt. Ilwira hat also die Hälfte ihres Vermögens verloren, und statt für ein Haus werden ihre Mittel nur noch für einen „Sarai" – einen Schuppen – reichen.
Ich bin müde, Matjusik, die Arbeit. Nächste Woche bekommen wir eine Kollegin aus Deutschland, „ein alter Hase", wie sie sagen.

61.

August 1993

Matjusik,
der alte Hase hat sich als gar nicht so alt herausgestellt. Gerda Max heißt sie, hat gerade mal ein Praktikum hinter sich und mit ihrem jugendlichen Äußeren auf Anhieb unser ganzes Team erobert. Zum Dank will sie unsere Arbeit neu organisieren, „umstrukturieren" nennt sie das. Unseren Russen will sie den „sozialistischen Trott" austreiben und den nötigen Professionalismus eintrichtern. Wem das nicht passe, der möge gehen. Ich denke, dieser Eifer legt sich, wenn sie erst einmal eine Weile hier in Rußland ist. Wir sind alle dieser Meinung und regen uns nicht sonderlich auf.

Wachtang ist in Moskau, ein Freund aus Georgien: Seine Mutter – von Beruf Pianistin – hat seit ein paar Monaten ihre Vorliebe fürs Busineß entdeckt und arbeitet gerade an ihrem ersten Auftrag: 6 Milliarden alter Rubelscheine soll sie in Moskau in bare gültige Münze umwandeln. „Georgischen Geschäftsleuten" gehören die Geldsäcke: Über Nacht sind sie von der Geldreform überrumpelt und des Geraubten beraubt worden.
Und was glaubst Du, Matjusik, an wen wendet man sich mit derart heiklen Geschäften? Aber natürlich, an die Staatsbank! Nachts wechseln die Währungshüter das Geld, das sie gerade aus dem Verkehr gezogen haben, gegen eine „Gebühr" von 60 Prozent illegal in neue Scheine um. Den Reibach machen die Beamten, betrogen ist der Staat. Endlich verstehe ich, wozu die ganze Geldreform nötig war. „Beschützt" wird die ganze Aktion von der tschetschenischen Mafia: Sie bildet das „Dach". Die Tschetschenen, erklärt mir Wachtang, seien zuverlässiger als die Kollegen von der georgischen Mafia, professioneller und trotz „intellektueller Mängel" in Finanzsachen besser bewandert. Seit fünf Tagen pendelt Wachtang Tag und Nacht zwischen Staatsbank, tschetschenischen Mafiosi und dem Büro der Mutter hin und her. Wenn alles gut geht, hat er mit seiner Vermittlungsprovision für die nächsten dreißig Jahre ausgesorgt – wenn nicht, wird er sich um die nächsten dreißig Jahre ebenfalls wenig Sorgen machen müssen.
Und dabei wollte er mit der ganzen Transaktion nichts zu tun haben, bis ihn die Mutter mit ihrer ganzen Autorität nach Moskau abkommandierte.
Mit Kaffee und Zigaretten päppeln wir Wachtang allabendlich auf, bevor er seine Nachtschicht antritt. Ein anstrengender Tag steht bevor, morgen kommt ein georgischer Minister als Vermittler in Sachen „Geldwäsche" nach Moskau.
Matjusik, Du wirst nicht glauben, wer sich um die Tradition der sozialistischen Warteschlangen verdient macht. Nein, nicht etwa die Lebensmittelläden und die Behörden. Seine

längste Warteschlange hat Moskau der deutschen Bürokratie zu verdanken: Sechs Monate muß man als Russe warten, um in die Deutsche Botschaft vorgelassen zu werden und ein Visum in den Paß geklebt zu bekommen. Vor das Reisen hat Gott – will sagen der deutsche Amtsschimmel – das Warten gesetzt. Damit sich ein jeder seine Reise nach Deutschland auch redlich verdient!

Da blieb mir gar nichts anderes übrig, als Natalja, der Freundin eines Bekannten in Berlin, aus der Patsche zu helfen: Endlich hatte sie ihren Auslandspaß bekommen, das lang ersehnte Rendezvous war in greifbare Nähe gerückt. Nur noch die Botschaft stand zwischen ihr und dem erhofften Glück. Als Deutscher – das heißt, weil ich im Gegensatz zu Natalja westlich der Oder geboren bin – bleibt mir die monatelange Wartefrist erspart, und ich kann ihr das Visum im Handumdrehen besorgen.

Die kleine „deutsche" Warteschlange vor der Botschaft macht sich im Vergleich zur „russischen", die 60 Meter weiter am anderen Tor steht, regelrecht bescheiden aus. Da standen wir dann also vor dem Konsulat, um 9 Uhr öffneten sich die Tore, und um Punkt 9 Uhr 45 waren sie wieder zu: „Visastelle wegen Überfüllung geschlossen", verkündete ein kleines Schildchen zwischen den Gitterstäben, nachdem gerade einmal 10 Leute Einlaß gefunden hatten. Gott sei Dank verstand Natalja die wütenden Flüche meiner ausgesperrten Landsleute nicht!

Mit gehöriger Wut im Bauch kamen wir am nächsten Morgen wieder, im Morgengrauen gegen 6 Uhr und waren keineswegs die ersten. Einige hatten die ganze Nacht Wache geschoben. Im Gegensatz zu den Russen fehlen den Deutschen die nötige Geduld und das nötige „Durchstehvermögen", was sich in wütenden Kommentaren bemerkbar macht.

Unser dreistündiges Warten zahlte sich aus: Wir waren tatsächlich unter den zwanzig Glücklichen, die der „Überfüllung der Visastelle" zuvorkamen. Umso größer unser Stau-

nen im Inneren: Gerade mal drei dutzend „Antragsteller" verlieren sich in der riesigen Halle des Konsulats. Von den fünf Schaltern für Besuchsreisende ist nur ein einziger geöffnet. Jetzt zur Hauptreisezeit. Womöglich würde sich die Wartefrist ansonsten um ein paar Monate verkürzen.
Zur gleichen Zeit findest du in den Moskauer Zeitungen regelmäßig Anzeigen von Service-Büros: „Deutsches Visum innerhalb von vier Tagen, 300 DM." „Man hat so seine Kanäle", erklärt mir der Direktor einer dieser Firmen.
Anna hat ihre Abschlußprüfung bestanden, ganz offiziell ist sie jetzt Mathematikerin – was sie nie sein wollte. Zum Glück schreibt sie ihr Diplom bei einem vernünftigen Professor. Ob sie denn mit der Mathematik etwas am Hut hatte, war seine erste Frage. Als Anna das entsetzt abstritt, einigte man sich auf ein passendes Thema. Wozu sollten sie sich auch beide unnötige Arbeit machen? Und trotzdem ist mir nicht ganz wohl zumute bei dem Gedanken, daß Anna, dieses zarte Wesen mit ihrer Abneigung gegen Zahlen, in ein Paar Wochen Diplommathematikerin sein wird.
Nein, um Gottes Willen, es ist nicht etwa eine neue, südländische Einstellung Frauen gegenüber, sondern schlicht die alte Abneigung gegen alles Mathematische.
Moskau liegt unter dem sommerlichen Smog begraben. Zu Hause haben wir die Qual der Wahl: entweder unsere Lungen den geballten Auspuffladungen vom vierzehnspurigen Gartenring auszusetzen oder bei geschlossenen Fenstern in unserem eigenen Dunst zu schmoren.
Wann schreibst Du mir endlich, Matjusik?

62.

September 1993

Matjusik,
ich bin in Alma-Ata, in Kasachstan, einen Katzensprung weit von der chinesischen Grenze. Wir sind mit unserer neuen Korrespondentin unterwegs. Gerda Max tut sich mit Rußland ebenso schwer wie Rußland mit ihr. „Die Russen können doch kein Fernsehen machen", ist ihr Glaubensbekenntnis, das sie ständig wiederholt. Sehr zur Freude unserer russischen Kollegen.
Hier in Mittelasien hat es Gerda besonders schwer: „Die Leute können einem richtig leid tun, die verbringen ihr halbes Leben mit Warten." Und da sie nun einmal hier ist, bleibt ihr – trotz energischem Widerstand – gar nichts anderes übrig, als sich dieser örtlichen Gepflogenheit anzupassen. Als ich Gerdas Leiden nicht mehr länger mit ansehen kann und ihr – sehr zur Freude der Parkwächter – einen Strauß Tulpen pflücke, wird sie mißtrauisch. Ihr argwöhnischer Blick verrät, daß ihr die russische „Dobrata" – der Wunsch einfach eine Freude zu machen – unbekannt ist.
Die ersten zwei Tage verbringen wir im Innenministerium, im Außenministerium und in der Paßbehörde: Eine regelrechte Odyssee, niemand kennt die neuen Visabestimmungen, von einem Beamten werden wir zum nächsten geschickt, bis man uns schließlich entnervt mitteilt, wir sollen in Gottes Namen ohne Visum hierbleiben.
Und so konnten wir endlich ins Tschu-Tal fahren, ins „Drogenparadies" der GUS. Fünfhundert Dollar knüpfte uns das Innenministerium für „Spezialmaßnahmen" ab: für die Vorbereitungen zu unserem Dreh vor Ort, speziell organisierte Razzien und dergleichen mehr. Als wir zwei Tage später ankommen, hat man in der örtlichen Miliz noch nicht einmal Bescheid erhalten, daß wir unterwegs sind. Von „Spezialmaßnahmen" ganz zu schweigen.
Der Polizeipräsident ließ sich dennoch nicht in Verlegenheit

bringen und kommandierte einen seiner Offiziere ab, für uns auf die Schnelle zu Hause eine Festessen zu organisieren. Ein wohlernährtes Schaf mußte an unsere Ankunft glauben. Die gute Gerda war die einzige Frau am Tisch – kasachische Frauen haben am Herd zu stehen. Als wir gerade in Stimmung kommen und der Polizeipräsident – längst ist er zum Genossen Bulat geworden – zur Gitarre greift, kommt plötzlich eine schauderhafte Unruhe über Gerda. Zum Entsetzen von Stas, unserem trinkfesten Kameramann, besteht sie darauf, die gute Laune auf Kassette zu bannen, worauf sie augenblicklich verfliegt. Genosse Bulat ist mit einem Mal wieder der Polizeipräsident, die Gitarre wird zur Seite gelegt und man stimmt offizielle Reden an.

Am nächsten Morgen machen wir uns auf die Jagd nach den Drogenhändlern. Eine drückende Hitze liegt über dem ganzen Tal, jede Bewegung muß dem Körper mühselig abgetrotzt werden. Die Gemächlichkeit, mit der die Milizionäre wie wohl jeder hier zur Sache gehen, ist ein wahrer Segen. Überall im Tschu-Tal sprießt die wildwachsende Cannabis aus dem Boden. Haschisch aus Tschu, erklärt man uns stolz, sei berühmt für seine Qualität. Und so ist das Auge des Gesetzes dann auch wachsam: Mit drei Autos und drei Motorrädern überwacht man ein Territorium von der Größe des Saarlandes. Wenn Not am Mann ist, mietet man sich von den örtlichen Bauern Pferde.

Früher, in der Sowjetunion, meint Bulat hinter vorgehaltener Hand, habe man immer die modernste Technik bekommen, mit Hubschraubern und Nachtsichtgeräten sei man auf Verbrecherjagd gegangen, „Chefsache" sei der Kampf gegen das Drogengeschäft gewesen. Heute müsse man das Benzin für die Polizeiwagen aus der eigenen Tasche zahlen. Die lakonische Antwort der Beamten aus Alma-Ata: „A nam kakoje djelo", was geht es uns an.

Die Razzia läßt dann auch auf sich warten. Kaum sind wir fünf Minuten in der Steppe unterwegs, streikt der Jeep. Statt Verbrecherjagd sind Reparaturarbeiten angesagt. Unerbittlich brennt die Mittagssonne auf die Steppe, und es fehlt am nötigen Werkzeug. Doch da hat Bulat mit einem Mal ein verdächtiges Rascheln im Gebüsch ausgemacht: „Schnappt sie!", wildes Geschrei, zwei Schüsse. Bulat kommt seinen Männern nicht hinterher – die Leibesfülle macht sich bemerkbar – und als er, völlig außer Atem, am Ort des Geschehens ankommt, liegen die Cannabis-Pflücker schon gefesselt am Boden: Es sind junge Russen aus Saratow, die hier schnelles Geld machen wollten. Ein paar tausend Dollar hätte ihnen der „Stoff" zu Hause wohl gebracht, schätzt Bulat. Statt dessen drohen ihnen nun drei Jahre Arbeitslager. Einträchtig warten die Ordnungshüter, die Gefangenen und das Fernsehteam aus dem fernen Deutschland, bis der Jeep wieder fahrbereit ist. Auf dem Revier angekommen, zeigt Bulat im Kreuzverhör, was er als sowjetischer Milizoffizier gelernt hat. Jedes Verhör schließt er mit der obligatorischen Frage: „Hast du irgendwelche Beschwerden gegen unsere Mitarbeiter, Halunke?" Das ängstliche Schweigen quittiert Bulat mit einem triumphierenden Blick in Richtung Kamera. Kriminalistik will gelernt sein.

Und siehe da, am nächsten Morgen läuft uns da doch auf dem Marktplatz tatsächlich eines der Mädchen über den Weg, das gestern – schwer beladen mit Cannabis – festgenommen wurde. Darauf angesprochen, kommt Bulat ins Schwitzen. Wütend ruft er einen seiner Untergebenen ins Chefzimmer. Die Gehälter der Milizionäre sind niedrig, die Versuchung, sie aufzubessern, ist groß.

Um unser Wohlergehen ist Bulat rührend besorgt. Wir kennen inzwischen die Kochkünste aller Tschuer Milizionärsfrauen. Die Gastfreundschaft der Kasachen übertrifft alles, was man mir bisher über sie vorgeschwärmt hat. Es wird gesungen und getanzt, und der Tradition entsprechend muß jeder von uns einen Toast – eher Trinkrede als Trinkspruch – halten. Gerda ist an der Reihe. Den Milizionären fällt fast das Glas aus der Hand, als sich Gerda beklagt, daß wir wegen der vielen Festessen nicht zum Arbeiten kommen. Die Gesichter

der Ordnungshüter versteinern endgültig, als Gerda der versammelten Runde erklärt, wir werden uns beim Innenministerium beklagen, daß sie uns mit ihrer übertriebenen Gastfreundschaft an der Arbeit hindern.
Wie soll ich es sagen, Matjusik, nun, die Atmosphäre wurde nach diesem Essen etwas kälter, und auch Bulats Kooperationsbereitschaft ließ – sehr zum Ärger Gerdas – deutlich nach.
Erst am letzten Abend versöhnten wir uns. Als wir uns von Bulat verabschiedet hatten, erkannten wir unsere Milizionäre nicht mehr wieder. Dem strengen Auge des Vorgesetzten entronnen hielten sie uns plötzlich ein kleines Päckchen entgegen: „Nun, Jungs, jetzt habt ihr soviel über die Drogen gedreht, jetzt müßt ihr sie auch mal selber probieren." Gerda ist begeistert: „Die Kamera! Die Kamera!" ruft sie zum Entsetzen der Staatsdiener. Nicht einmal der Einwand, sie haben Familie und können als Offiziere nicht vor der Fernsehkamera Haschisch rauchen, läßt Gerda kalt. Sie ist bitter enttäuscht über die fehlende Kooperationsbereitschaft: „Die sollen sich doch nicht so anstellen!" Wir beißen uns auf die Zunge und bringen Gerda auf ihr Zimmer.
Inzwischen sind wir wohlerhalten nach Alma-Ata zurückgekehrt. Statt der verdienten Bettruhe gab es gegen Mitternacht eine „Besprechung": Gerda kann sich ihre Ratschläge für den „Umgang mit den Kasachen" nicht verkneifen. Schließlich ist sie ja auch schon drei Monate in Rußland. Morgen geht es weiter in die alte Märchenstadt Taschkent, nach Usbekistan. Wenn man uns einreisen läßt: Bis jetzt haben wir kein Visum – in Alma-Ata gibt es keine usbekische Botschaft.
Vielleicht ist ja inzwischen schon ein Brief von Dir in Moskau angekommen, Matjusik! Ich habe die Hoffnung immer noch nicht verloren.

63.

September 1993

Matjusik,
ich liege hier in Taschkent und wäre wohl um ein Haar für immer hiergeblieben. Bewußtlos haben sie mich in der Badewanne gefunden, in einem schrecklichen Zustand muß ich gewesen sein. Bei unserer Gastgeberin Elvira, der Tante unseres Kameramanns, war ich in besten Händen. Dabei war selbst ihr als Ärztin nicht recht wohl zumute: Von der Cholera über Diphtherie bis zur Gelbsucht – alles ist in Taschkent reichlich vertreten. Jeden Morgen kontrollieren sogenannte Sanitätsbrigaden die Stadt: „Wer hat Durchfall und Fieber?" wird in die Häuser gebrüllt. Gnade dir Gott, wenn du in die Hände der usbekischen Medizin gerätst!
Das Schicksal hatte ein Einsehen: Elvira, eine Seele von einer Babuschka, und Anna, die eilig aus Moskau anreiste, ersparten mir mit ihrem aufopferungsvollen Einsatz das Infektionskrankenhaus. Nach zahlreichen Infusionen und Magenspülungen bin ich wieder halbwegs lebendig. Welcher Virus oder welches Gift sich in meinen Magen verirrt haben, weiß ich bis heute nicht.
Dabei hatte unser Aufenthalt ohnehin mit einem gehörigen Schrecken begonnen. Nachdem wir uns am Flughafen geschickt an den Grenzsoldaten vorbeigeschlichen hatten, trafen wir uns am Abend mit unseren „offiziellen" Gastgebern vom Presseamt. Welche Themen uns denn interessieren, fragte man uns höflich. Umweltschutz und Wirtschaft, antwortete ich nicht minder freundlich. Und da geschah es auch schon. „Aber die Opposition, wir wollen doch auch die Opposition aufnehmen", fiel uns Gerda ins Wort. Betretenes Schweigen. Wie lange hatten wir sie zuvor instruiert! Vergeblich. Wenn Blicke töten könnten, wäre Gerda sogleich vom Stuhl gefallen. Die Herren vom Presseamt schauen mich bedeutungsvoll an.
Man bittet mich „auf ein paar Minuten" mit nach draußen:

„Was soll das? Das war nicht abgemacht! Wir wissen nicht, ob Sie unter diesen Bedingungen eine Drehgenehmigung und ein Visum bekommen! Die Opposition können Sie sich ohnehin abschreiben. Wenn Sie Kontakte aufnehmen, fliegen Sie noch am gleichen Tag nach Moskau zurück! Und kommen nie mehr nach Usbekistan zurück!"
Die ganze Nacht versuchen wir Gerda zu erklären, was ein autoritäres System ist. Vergeblich: „Die können uns doch nicht verbieten, das zu drehen, was wir wollen." Verbieten nicht! Wie frisch haben wir noch das ukrainische KGB in Erinnerung!
Am nächsten Morgen erklärt man uns im Außenministerium, daß es „unvorhergesehene Probleme" mit dem Visum und der Drehgenehmigung gebe. Man werde die Frage innerhalb von zehn Tagen entscheiden. Bis dahin sollen wir uns hüten, die Kamera auch nur mit aus dem Haus zu nehmen. Gerda ist den Tränen nahe: „Aber die haben doch kein Recht dazu! Die können uns doch nicht verbieten, zu drehen..."
  Wir machen uns auf den Weg zum deutschen Botschafter: Eine riesige Dogge stürzt uns aus seinem Dienstzimmer entgegen, direkt auf Gerda zu. Der Botschafter rennt wütend hinterher und trennt die beiden mit Müh' und Not. Als Wiedergutmachung für die Hundeattacke und dank Gerdas Flirtkünsten verspricht er uns Hilfe und schickt eine diplomatische Note an den usbekischen Präsidenten.
Und so sitzen (d.h. liegen) wir nun schon den dritten Tag in Taschkent ohne Drehgenehmigung. Meine Magenprobleme erweisen sich als wahrer Segen: Die tapfere Gerda dreht weiter – den Drohungen von KGB, Außenministerium und unserem Team zum Trotz.
Aber Stas, unser Kameramann, ist inzwischen hart im Nehmen: „Feig und ängstlich" sei er, hatte er sich während des Fluges anhören müssen, weil er sich geweigert hatte, während des Starts zu filmen – nachdem ihn der Pilot eindringlich gewarnt hatte: „Das kann Komplikationen mit der Navigationstechnik geben, dreht doch bitte, wenn wir oben sind."

Gerda ließ das kalt. Als der Pilot uns bittet, ihm eine
100-Dollar-Note in kleinere Scheine zu tauschen, will Gerda
nur tauschen, wenn wir den Start filmen dürfen. Entnervt versuchen
wir ihr klarzumachen, daß es um die Sicherheit geht.
Vergeblich: „Warum soll ich das Geld einfach so wechseln?
Ihr Russen wollt immer nur, ihr habt immer nur Ansprüche!"
Wir seien alle keine richtigen Journalisten, hielt sie uns vor,
um sodann eigenhändig die Deckenabdeckung abzuschrauben
und baumeln zu lassen: Die Zuschauer in Deutschland
werden erschüttert sein über die Zustände bei der Aeroflot.
Journalismus?!
Wie tröstlich, daß Anna und ich morgen allein nach Moskau
zurückfliegen. Wir lassen das Kamerateam mit Gerda zurück
und fühlen lebhaft mit ihnen mit.

64.

September 1993

Matjusik,
nach drei Tagen auf Viktors Datscha bin ich wieder wohl auf.
Gründlich erholt von Usbekistan, Gerda und dem Smog in
der Stadt habe ich mich wieder an die Arbeit gemacht.
Allein.
Ein Interview mit einem Piloten stand an: Das ewige Thema
Aeroflot, wieder einmal will man den Zuschauern das Grausen
einjagen. Doch der Pilot spielte nicht mit. So schlecht er
auch auf die Aeroflot zu sprechen ist, trotzdem sei es undenkbar,
daß ein besoffener Pilot ins Flugzeug komme. Eine halbe
Stunde vor dem Flug müssen alle Besatzungsmitglieder eine
medizinische Kontrollkommission über sich ergehen lassen.
Und kein Arzt sei so wahnsinnig, einem Betrunkenen einen
Passierschein auszustellen: „Der käme ja sofort ins Gefängnis,
wenn danach etwas passieren würde." Auch von anderen
Piloten bekommen wir die gleiche Antwort.

Zwei Tage nach dem Interview ein wütender Anruf von unserem Chef aus München: „Ich brauche die Alkoholstory." Die Argumente unseres Piloten läßt er nicht gelten: „Stellt euch doch nicht so an! Ihr werdet doch jemanden finden, den ihr als Pilot vor die Kamera stellt und der euch das Ganze heruntersagt! Ich habe die Story doch schon verkauft!" Wütend schmeiße ich den Hörer und beende somit meine „Fernsehkarriere". Sehr zur Freude Annas, die sich als „Fernsehwitwe" nicht sonderlich wohl gefühlt hat.
Wahrscheinlich kenne ich Rußland inzwischen zu gut, um über Rußland zu berichten. Da braucht man schon eher Leute wie Gerda – und die gibt's zur Genüge hier in Moskau: „Medienprofis", die von Rußland soviel verstehen wie ein russischer „Bisnismen" von Marktwirtschaft. Statt zu berichten und zu recherchieren, sind sie oft nur damit beschäftigt, Belege für die herrschenden Klischees zu finden. Wenn man diese Berichte dann später sieht und liest, fragt man sich, in welchem Land die guten Leute leben.
Da loben sie doch tatsächlich die russische Wirtschaftspolitik, weil der Durchschnittslohn inzwischen von 10 Dollar auf 50 Dollar hochgeklettert ist. Und kein Wort darüber, daß die Preise zur gleichen Zeit um das Hundertfache, ja um das Tausendfache (!) gestiegen sind. Vielleicht wissen sie es gar nicht als Stammkunden der Devisenläden. Sie leben in ihren Ausländerghettos, wagen zweimal im Jahr einen Schritt hinaus in die „wilde russische Wirklichkeit", bemerken tatsächlich, daß es in den Geschäften Warteschlangen, auf den Straßen unzählige Schlaglöcher und in den Unterführungen Bettler gibt und fühlen sich dann berufen, über Rußland zu schreiben.
„Itsos chlee!" „Sollen sie leben", wie man in Georgien sagt.
Wenn es nur kalt geworden wäre in Moskau – nein, es ist düster und nebelig, schon tauchen die ersten Moskauer in ihren dicken Pelzmänteln auf den Straßen auf, und die Staatsdiener, allen voran die GAIs, zeigen wieder Farbe – ihre blauen, flauschigen Pelzmützen. Von den alten Schirmmüt-

zen, Sinnbild ehemaliger Polizei- und Armeeherrlichkeit und als „Hubschrauberlandeplätze" verlacht, werden wir uns nicht nur bis zum Frühjahr trennen müssen. Es wird ein Abschied für immer werden. Die neuen Jelzin'schen Uniformen gleichen eher der Schweizer Landesformation der Heilsarmee denn denen einer Großmacht. Es geht bergab.
Die Stadt ertrinkt in einem regelrechten Meer an Reklame: Keine Fernsehsendung, die nicht von irgendeiner Firma aufdringlich gesponsort wird, keine Rolltreppe in der Metro, auf der dir die Lautsprecher nicht ständig diskret einflüstern, was du wo zu kaufen hast, und selbst vor der telefonischen Zeitansage und der Telefonauskunft sind Werbeblöcke geschaltet. Es gibt kein Entrinnen. Kommst du zu Bekannten, gibt es meist nur ein Gesprächsthema: welcher Schokoladenriegel knackiger, welches Duftwässerchen dezenter und welches Hundefutter nährstoffreicher ist. Wenn du keinen Fernseher hast und nicht mitreden kannst, bist du als Gesprächspartner unten durch.
Auch in den Schulen hält der Konsumterror Einzug: Annas Cousin hängt ständig seiner Mutter im Ohr, welchen Schulranzen und welche Jacke sie ihm denn bitte kaufen soll, weil er mit seinen abgetragenen Sachen zum Außenseiter gestempelt wird.Aber das Gehalt der Mama als Bibliothekarin von 20 000 Rubeln (15 Dollar) reicht ohne die Rente vom Opa nicht einmal fürs Essen. Die regierenden Demokraten sind stolz, daß sie „endlich den sozialistischen Zwang der Schuluniform" abgeschafft haben. Anna hat das anders in Erinnerung: Die Uniform hat sie als Kind armer „Intelligenzler" davor bewahrt, wegen ihrer Kleidung verspottet zu werden. Ist das wirklich so unsinnig in einem Land, in dem der Graben zwischen Reich und Arm immer tiefer wird?
Warum schreibst Du nicht?

65.

September 1993

Matjusik,
es brodelt in Moskau. Gestern verstimmte mit einem Mal der gewaltige Verkehrslärm unter unseren Fenstern. Doch die Ruhe hatte nichts Beruhigendes: Stimmen waren zu hören, Lautsprecher, dann Sirenen: Die Miliz jagte ein paar Hundert Demonstranten durch die Stadt. Wer nicht schnell genug war, bekam die geballte Wut der Staatsgewalt in Form von Polizeiknüppeln auf seinem Rücken zu spüren.
Angefangen hat das Ganze vor ein paar Tagen: Mit einem Dekret hat Jelzin den Obersten Sowjet aufgelöst. Verfassungswidrig, doch wen kümmerte es. Die „Intelligenzia" jubelte Beifall. Zwei Tage später verkündete man uns im Fernsehen, Ruzkoi und die Abgeordneten hätten eingelenkt. Die Nachricht entsprang der Phantasie der regierungstreuen Journalisten. In Wirklichkeit haben sich Ruzkoi und der gesamte Oberste Sowjet im „Weißen Haus" verbarrikadiert, knapp einen Kilometer von unserer Wohnung entfernt. Jelzin hat ihnen – wie ein mittelalterlicher Kriegsherr – erst einmal Wasser und Strom abstellen lassen. (Was übrigens nicht einmal die Putschisten von 1991 gewagt hatten).
Es zieht mich hinunter auf die Straße. Anna läßt mich gehen, es ist 11 Uhr nachts. In der ganzen Innenstadt wimmelt es von Miliz. Die Demonstranten bauen Barrikaden. Auf dem Wosstanja-Platz herrscht Entsetzen. Als man die Barrikaden beiseite schaffte, ist ein Oberstleutnant von einem umfallenden Kiosk erschlagen worden. Am Steuer des Abschleppwagens saß ein Polizist. Alle Zeugen, auch die Milizionäre, sind sich einig: Es war ein Unfall, verschuldet von dem Fahrer des Krans.
Jelzin scheint seine Lektion aus dem Augustputsch gut gelernt zu haben. Statt mit Panzern geht er heute mit subtileren Mitteln gegen seinen früheren Amtssitz vor: Die Abgeordneten ertrinken in ihrem eigenen Dreck, macht sich die

Iswestija über die hygienischen Verhältnisse im belagerten Weißen Haus lustig. Zahlreiche Intellektuelle machen sich dafür stark, das Parlament „auszuräuchern": „Wie die Ratten sollen sie krepieren", schallt es den Abgeordneten aus der regierungstreuen"Intelligenzija" entgegen. Auch das Fernsehen steht stramm auf Jelzins Seite. Es ist die Inkarnation alles Bösen, was sich da im Weißen Haus versammelt hat, verteidigt von einem Haufen Verrückter.
Ich gehe weiter zur „Uliza 1905 goda". Ein unwürdiges Schauspiel: Die gefürchtete Dzierżyński-Einheit jagt die betagten Demonstranten wild prügelnd von der Straße. Wer nicht schnell genug ist, wird von den Ordnungshütern schlicht überrannt.
Sicher gibt es viele „Ewiggestrige" und politische Wirrköpfe unter den Demonstranten. Trotzdem ist es eine Lüge, sie einen „Haufen debiler Neokommunisten" zu nennen, wie man es überall lesen kann. Fast alle Schichten sind vertreten, vom Arbeiter über den Studenten bis hin zum Universitätsprofessor. „Es ist wie damals während dem Putsch", sind sie sich einig, „damals kämpften wir für Jelzin und gegen die Kommunisten, heute kämpfen wir gegen Jelzin und für die Demokratie."
In der Metrostation „Barrikadnaja": Ein betagter Rentner liegt blutüberströmt neben dem Kassenhäuschen. Zwei Milizionäre hatten sich des hilflosen Greises „angenommen". Notdürftig verarzten ihn zwei Frauen. Die diensthabenden Polizisten wenden sich ab: „Wir haben den Notarzt gerufen, aber sie sagen, sie schicken keine Wagen hierher. Das ist zu gefährlich." Ob man ihn nicht mit dem Polizeiwagen ins Krankenhaus fahren könne? – „Wir haben keine Anweisung!"
Plötzlich ein Aufschrei. Aufgebrachte Demonstranten stürzen herein, gejagt von einer Hundertschaft Miliz. „Faschisten, Faschisten", schreit die Menge. Die Milizionäre schlagen mit ihren Polizeiknüppeln von außen gegen die Glastüren. Es läuft mir eiskalt den Rücken hinunter.

Ich gehe weiter Richtung Tiergarten. Vor dem Eingang stehen sich Milizionäre und Demonstranten friedlich gegenüber, bis sich die Dzierżyński-Einheit in Bewegung setzt. Ganz langsam, Schritt für Schritt. Ein Aufschrei. Ich drehe mich und renne, so schnell ich kann, Richtung deutsche Botschaft. Aus einer Seitengasse kommen mir Milizionäre entgegen. Ich spüre eine ohnmächtige, gewaltige Wut in mir. Ich renne mit meinem Journalistenausweis zu einem Milizoffizier. Er flucht und jagt mir zwei Bewaffnete auf den Hals. Nur meine Beine helfen mir weiter. Ich verstecke mich in einem Hinterhof, rufe bei Gerda an. Doch sie bewahrt einen kühlen Kopf: „Wir haben keine Anweisung, so etwas zu drehen!"
Nach einer halben Stunde wage ich mich wieder auf die Straße. Die Milizionäre räumen die Barrikaden. Ich gehe Richtung Konjuschowskaja. Von hier aus sind es noch zweihundert Meter bis zum Weißen Haus. Unbeleuchtet liegt es in der Dunkelheit. Ein Kordon aus drei Reihen Milizlastwagen und Stacheldraht macht jedes Weiterkommen unmöglich. Wer sich trotzdem nähert, wird unsanft verjagt. Wer innerhalb des Kordons wohnt, muß sich für die nächsten Tage eine neue Bleibe suchen.
Gegen halb eins wird es ruhig ums Weiße Haus herum. Die letzte Metro fährt um 1 Uhr. Das Alter hindert die meisten der Demonstranten, die Nacht auf den Barrikaden zu verbringen: Regen bekommt den rheumageplagten Gelenken nun einmal schlecht. Morgen, ist man sich einig, werde man mit der ersten Metro wiederkommen. „Wenn sie die Metro noch fahren lassen!"
Es ist paradox, die Rollen sind mit einem Mal vertauscht: Der „Gute" Jelzin als Anstifter eines Staatsstreichs, der „Böse" Ruzkoi als Gralshüter der Verfassung. Fast eine Moskauer Tragikomödie, wäre es nicht so bitterböser Ernst.
Der Morgen danach: Die Nacht sie ruhig gewesen vor dem Weißen Haus, meldet das Fernsehen. Die „Iswestija" hüllt sich in Schweigen. Einziger Kommentar zu den Ereignissen auf Seite 2: „Die Bewohner Wolgograds halten zum Präsi-

denten." Was man als Journalist zur Breshnew-Zeit gelernt hat, vergißt man nimmermehr. Itartass sendet eine Nachricht in den Äther: Ein Milizoffizier sei ums Leben gekommen, von einer aufgebrachten Menge unter einen umstürzenden Kiosk gedrängt. Dabei war die „aufgebrachte Menge" schon längst zuvor von der Miliz verjagt worden.
Der „Moskauer Abend" zeigt auf der Titelseite ein riesiges Foto: Schwerbewaffnete Polizisten neben friedlichen, betagten Demonstranten. Der Kommentar: „Die Menschen, die hier versammelt sind, sind bewaffnet und gefährlich. Zur Vermeidung von Provokationen wurden daher harte Maßnahmen ergriffen." Realsatire in höchster Vollendung.
„Zurückbleiben, nächster Halt Polizeistaat", kommentiert die Prawda bitter.
Im Fernsehen werden unliebsame Sendungen abgesetzt, unpassende Meldungen „gehen verloren".
Matjusik, es ist soweit, Jelzin scheint sich für die „chilenische Variante" entschieden zu haben. Und im Westen hält man ihm eisern die Treue. Ein prowestlicher Diktator im Kreml ist wohl genehmer als ein nationalistischer Demokrat. Nein, ich bin nicht begeistert beim Gedanken, Ruzkoi oder Chasbulatow im Kreml zu sehen. Aber muß es deswegen gleich ein Staatsstreich sein?
Matjusik, ich hoffe, daß ich Dir auch in Zukunft noch ohne Angst werde schreiben können!

66.

September 1993

Matjusik,
Moskau kommt nicht zur Ruhe. Jeden Tag Demonstrationen, jeden Tag neue Straßenschlachten.
Jelzin scheint die schlechteren Karten zu haben: Die Provinzfürsten machen sich für den Obersten Sowjet stark, einige

drohen gar, ihre Zahlungen nach Moskau einzustellen und aus der Föderation auszutreten. Wer, glaubst Du, steht ganz vorne unter den Jelzin-Gegnern: Kirsan Iljumschinow, unser kalmückischer Präsident mit seinem „zweiten Kuweit". Er, der in seiner Republik als erster die Sowjets aufgelöst hat, spricht im Kerzenlicht zu den Abgeordneten des Obersten Sowjets. Gestern sahen wir ihn zusammen mit Ruzkoi vor unserem Fenster, an der Spitze einer Demonstration.
Die Regierung lenkt ein, man ist zu Gesprächen bereit. Es ist höchste Zeit. Einen „heißen September" hat Jelzin seit langem versprochen. Hoffentlich wird kein blutiger Oktober folgen.
Auf daß es uns erspart bleibt!

67.
Oktober 1993

Matjusik,
vielleicht schreibe ich Dir heute zum letzten Mal. Sie sind verrückt geworden, sie schießen, vor unserem Fenster rollen Panzer, das ganze Haus dröhnt. Militärverbände seien auf dem Weg nach Moskau, hören wir im Radio, und niemand weiß, auf wessen Seite sie stehen.
Jelzin sei mit einem Hubschrauber aus dem Kreml geflohen, heißt es aus dem Äther.
Matjusik, wir haben Angst, schreckliche Angst, der ganze Mut ist mit einem Mal verflogen, sie schießen, wir wollen nur lebend raus hier. Ich habe die Tür verbarrikadiert und den Schrank vor das Fenster geschoben. Sie sind imstande, auf die Häuser zu schießen. Verdammt! .
Anna läßt mich nicht hinunter auf die Straße. Wie dankbar ich ihr bin! Sie sitzt auf dem Bett und kauert sich in ihr Kopfkissen. Sie schießen, ganz nahe. Matjusik, ich habe Angst!
Leb' wohl!

68.

Oktober 1993

Matjusik,
der Spuk ist zu Ende. Es waren zwei schreckliche Tage, zwei schauderhafte Tage. Es ist ruhig geworden. Nur noch vereinzelt hören wir Schüsse. Immer noch haben wir Angst, aus dem Haus zu gehen. Pure Angst.
Die Nachrichten widersprechen sich. Wir telefonieren mit Annas Vater, der immer gut informiert ist, aber er schweigt. Er hat Angst, zumal am Telefon.
Wir können uns des Eindrucks nichts erwehren, daß alles noch nicht vorüber ist, daß alles wieder von vorne beginnt. Immer noch hören wir die Schüsse. Nebenan, überall.
Früher haben wir mit Entsetzen nach Tiflis geschaut, alles schien so weit weg, und heute ist dieses „Tiflis" mit einem Mal hier, in seiner ganzen Grausamkeit. Und du bist ihm hilflos ausgeliefert. All die vertrauten Orte, die du hundertmal hast an dir vorüberziehen lassen, die nicht mehr als angenehme Normalität waren, sind plötzlich so fern und so nah wie die Fernsehbilder von den unzähligen Kriegsschauplätzen in aller Welt.
Sie zählen die Leichen, und sie laden ihre Waffen für das nächste Mal.

69.

Oktober 1993

Matjusik,
Jelzin sitzt im Kreml, Chasbulatow im Lefortowo-Gefängnis, und alle Welt klatscht Beifall. Niemand druckt meine Kommentare – meine Meinung ist mit einem Mal nicht mehr gefragt. Der Journalist hat sich der Staatsräson zu fügen, und die fordert Jelzin-Treue, Staatsstreich hin oder her.

Der Moskauer Korrespondent einer der großen deutschen Zeitungen – dem ich meinen Kommentar geschickt habe – ruft an: Er sei völlig einverstanden mit mir und würde mich auch gerne drucken lassen. Nur, daß das die Chefredaktion nicht erlaubt: „So etwas wird nicht gedruckt, so etwas ist leider nicht gefragt!" Der Korrespondent klagt mir sein Leid mit seiner Chefredaktion. Und ich würde ihm am liebsten durch den Telefondraht um den Hals springen.
Die übrigen sehen die Rollen klar verteilt: Jelzin als strahlender Verteidiger von Demokratie, Ordnung und Marktwirtschaft, die Abgeordneten als böse, undemokratische, „kommunistisch-faschistische" Wirrköpfe. Liest man die deutschen Zeitungen, bekommt man den Eindruck, als seien Ruzkoi, Chasbulatow und die Volksdeputierten seit jeher die kommunistischen Gegenspieler des aufrichtigen Demokraten Jelzin. Man scheint ein kurzes Gedächtnis zu haben: Es war eben dieser Oberste Sowjet, der Jelzin vor drei Jahren zum Vorsitzenden wählte (zum Schrecken der Kommunisten). Und er war es auch, der Jelzin all seine Sondervollmachten ausstellte. Ein Großteil von Jelzins Team stammt aus diesem Obersten Sowjet, den man nun plötzlich als dekadent beschimpft. Ruzkoi hat sich Jelzin selbst – treffsicher, wie er nun einmal ist – zum Stellvertreter erwählt, und auch Chasbulatow wurde mit seiner Unterstützung Parlamentssprecher.
Aber all das paßt nicht in die Schwarz-Weiß-Bilder, die man zeichnet. Wo käme man hin ohne klare Grenze zwischen Gut und Böse?
Keine Verzerrung ist zu dumm: Einer der eingefleischten Moskau-Korrespondenten und unentwegten Buchautoren hat in seinem Kommentar eine „wie seit jeher" Jelzin-kritische Berichterstattung in Fernsehen und Presse ausfindig gemacht. Mein Gott, was liest der Mann denn nur?
Auch unsere Gerda liegt da völlig im Trend, ihre Berichte wird man ohne große Probleme verkaufen können.
Paschli na fig! Sie sollen mich gern haben!
Einige Zeitungen erscheinen mit dicken, weißen Spalten: Die

Zensoren sind wieder am Werk. Die nicht zensierten Zeitungen loben einstimmig die Einführung der Zensur. Auch Jelena Bonner freut sich: Die haben ihre Freiheit mißbraucht, meint die Witwe des Zensur-Kritikers Sacharow. Es sind die gleichen Töne, mit denen einst ihr Gatte den Kerkerknechten ans Messer geliefert wurde. Die oppositionellen Zeitungen hat man vorsorglich gleich ganz verboten.
Die „Intelligenzija" klatscht Beifall. Man ist es gewohnt, auf der richtigen Seite zu stehen, und wenn man sich notfalls auch mal prostituieren muß. Staatsprämien, Medaillen und materielle Segnungen werden nicht auf sich warten lassen. Auch das „Gewissen der Nation" will satt sein.
Fängt denn nun wirklich alles wieder von vorne an?

70

Oktober 1993

Matjusik,
diesen Brief werde ich Dir nicht mit der Post schicken – sonst könnte ich die längste Zeit hier in Rußland gewesen sein.
Ich weiß nicht, was ich von der Information halten soll, doch ich will sie Dir nicht vorenthalten: War das ganze Blutvergießen vom Oktober eine kaltblütige Inszenierung?
Von der „Meria", dem Sitz der Stadtregierung, waren am 3. Oktober die ersten Schüsse gefallen. Auf unbewaffnete Demonstranten, nur daß zu diesem Zeitpunkt noch die Regierungsleute in der „Meria" saßen. Wer hat die Scharfschützen auf das Dach geschickt? Wer konnte wirklich ein Interesse daran haben, daß es zum Blutvergießen kam?
Nein, Matjusik, fast habe ich Angst, all das zu Ende zu denken. Wenn es nur nicht Freunde wären, von denen ich all das höre, Freunde, denen ich vertraue, die gut informiert und obendrein alles andere als „Wirrköpfe und Ewiggestrige" sind, wie man inzwischen fast alle Andersdenkenden nennt.

Was mir am meisten zu denken gibt: Wirklich von Nutzen war das ganze Szenarium nur für Jelzin und seinen „Apparat". Nachdem er sich mit seinem Erlaß in eine Sackgasse manövriert hatte, war ein „bewaffneter Aufstand" Ruzkois die eleganteste Lösung. Zumal man sich darauf verlassen konnte, daß Ruzkoi – seit jeher mehr Soldat als Denker – sich provozieren läßt. Was wäre geschehen, hätte er das für ihn Unmögliche getan und statt zum Sturm aufs Fernsehzentrum zum Gewaltverzicht aufgerufen? Jelzin hätte mit leeren Händen dagestanden: Und hätte er trotz allem Panzer anrücken lassen, alle Welt wäre – Staatsräson hin oder her – entsetzt gewesen.

So aber klatscht man allerorts Beifall. Verfassung, Leichen und Rechtsstaat sind eilig vergessen und man geht zur Tagesordnung über. Ja, die Abgeordneten waren nicht wählerisch bei der Auswahl ihrer Helfer, ob Faschist oder Neokommunist, jeder war im Weißen Haus willkommen. Aber hat sie Jelzin, der jetzt die Nase rümpft, nicht selbst soweit getrieben? Durfte man von diesen Menschen, die man ohne Wasser und ohne Kanalisation, ohne Verbindung zur Außenwelt und mit zur Neige gehenden Essensvorräten isoliert in der Kälte und im Dunkeln sitzen ließ, durfte man von diesen Menschen erwarten, daß sie nach zehn Tagen „Belagerungsfolter" noch adäquate Entscheidungen treffen konnten?

Es war wirklich ein Meisterstück, wie es gelungen ist, aus dem Obersten Sowjet innerhalb von anderthalb Jahren den „Volksfeind Nummer 1" zu machen. Kein Trick war zu schmutzig: Ausgiebig ließ man rassistische Vorurteile gegen den Kaukasier Chasbulatow anklingen, jegliche Meinungsverschiedenheiten im Parlament wurden als „Zerstrittenheit und Unfähigkeit" gedeutet. Was auch immer schief ging im Lande – Schuld hatte der Oberste Sowjet, hämmerte das Fernsehen penetrant in die Köpfe. Mein Freund, Redakteur bei einer der großen Moskauer Zeitungen, wäre dabei fast arbeitslos geworden: Er hatte den Auftrag bekommen, über „Amtsmißbrauch der Abgeordneten" bei der Privatisierung ihrer Wohnungen zu recherchieren. Doch so sehr er auch nachforschte: Kein einziger der Volksvertreter hatte seine Wohnung privatisiert, warum auch immer. Nachdem sich mein Freund hartnäckig weigerte, trotzdem etwas aus den Fingern zu saugen, bekam ein anderer den Auftrag. Der hatte weniger Skrupel. Die Leser waren entsetzt über die „Privatisierungspraxis" der Abgeordneten.

71.

November 1993

Matjusik,
seit die Opposition im Gefängnis sitzt, reformiert sich's ungestört. Der Gang in die Geschäfte wird jeden Tag zum Schock: Bin ich früher mit meinen Rubeln stets problemlos über die Runden gekommen, stehe ich nun plötzlich trotz „Devisenhonoraren" mit offenem Mund vor den Preisschildern: Man will den Westen nicht einholen, man will ihn überholen – bei den Preisen. Nur die Gehälter bleiben auf dem alten Ost-Niveau. Wie ein Lehrer oder Dozent mit seinen 30 000 Rubeln, knapp 60 Mark, im Monat auskommt, ist mir bis heute ein Rätsel.
Eine Fahrt mit dem Taxi vom Flughafen in die Stadt kostet inzwischen 80 Mark. Für eine Rose hat man 5 000 Rubel zu zahlen, fast sieben Mark, für eine einzige Rose. Eine Telefonauskunft kostet 1 200 Rubel, knapp zwei Mark.
Oder die Lada-Werke: Da gab es vor kurzem eine kräftige Preiserhöhung. Die russischen Autos werden jetzt im eigenen Land teurer verkauft als im Westen. „Marktwirtschaft" nennen sie diese Diktatur der Monopolisten.
Eine verrostete Dose russischer Erbsen kostet mehr als eine importierte Ananas-Konserve. Du gehst in der Früh in den Laden, um Milch, Quark und Käse zu kaufen, die es wie eh und je nur morgens gibt – und bist mit einem Schlag

10 000 Rubel los – für viele Russen immer noch ein halbes
Monatsgehalt oder eine halbe Rente.
Wenn bei uns um die Ecke Kohl verkauft wird, streiten sich
die Rentner um die Abfälle. Nein, keine Alkoholiker, keine
„heruntergekommenen Subjekte", ganz normale Rentner,
deren Rente kaum fürs tägliche Brot reicht. Verschämt
schauen sie nach unten, um nicht erkannt zu werden. Verdammt, warum sind sie es, die sich schämen, und nicht wir!
Wie weit ist es gekommen.
Geschäftsleute, Mafiosi und Spekulanten fühlen sich als
uneingeschränkte Herren im Land und lassen das nicht nur
an ihrer Fahrweise spüren. Mir wird übel bei ihrem Anblick.
Vor kurzem hat ein Mercedes-Fahrer Anna beim Einparken
angefahren. Sie war rechtzeitig zur Seite gesprungen. Als sie
in der Not an die Scheibe klopfte, kam ein schmieriger Halbweltler hinterm Steuer hervor, beschimpfte sie dreckig und
jagte ihr dann mit dem Auto hinterher, um sie noch einmal
anzufahren. Anna hatte sich die Nummer gemerkt, ich rief
wütend bei der Polizei an. „Nu i schto? Na und? Was wollen
Sie denn überhaupt, wenn niemand verletzt ist. Glauben Sie,
wir haben nicht so schon genügend Arbeit?" Zum ersten Mal
höre ich mich auf russisch fluchen.
In ganz Moskau wird zu einer regelrechten Hetzjagd auf Ausländer geblasen. Genauer gesagt auf Ausländer aus der GUS,
und auch da nur auf die „Schwarzen", wie man die Kaukasier
und Asiaten inzwischen nennt.
Von allen Moskauer Märkten wurden sie vertrieben und aus
der Stadt ausgewiesen. Moskaus rassistischer Bürgermeister
Luschkow hat einen „Ukas" erlassen, nach dem sich „Ausländer aus den nahen Nachbarstaaten" sofort nach Ankunft
bei der Polizei registrieren lassen müssen: Über tausend
Rubel kostet das Vergnügen pro Tag, dazu verlangt man die
Unterschrift des Gastgebers sowie dessen Familienmitglieder
und ein stundenlanges Schlangestehen in der Wohnungsverwaltung und im Polizeirevier. Luschkow hat es nicht an Phantasie für seine Schikanen fehlen lassen. Daß sein Erlaß dem

GUS-Vertrag und internationalem Recht widerspricht, stört ihn ebensowenig wie die Regierung: Das Parlament sitzt im Gefängnis, das Verfassungsgericht hat „Arbeitsverbot". Es regiert sich ungestört.
Seit dem glorreichen Erlaß wird in der Hauptstadt zur Treibjagd auf „Ausländer" geblasen. Wer etwas dunkler ist als der blonde „Durchschnittsrusse", wird zum Freiwild, und nicht selten trifft es auch Russen mit südländischem Teint. Auch mein Äußeres kommt mir da nicht zu Gute. Georgier, Armenier und Asberbaidshaner haben schreckliche Angst, die Metro zu benutzen: Im „Untergrund" ist das Auge des Gesetzes besonders wachsam. Wer erwischt wird, muß haarsträubende Bestechungsgelder bezahlen, kann in Haft genommen oder ausgewiesen werden. Viele frühere Sowjetbürger haben jahrelang in Moskau studiert und gearbeitet, viele haben Verwandte und Bekannte hier. Für sie alle wird der Besuch in der Hauptstadt heute zur Erniedrigung: Selbst wer die „Registrierung" über sich ergehen läßt, wird durch die ständigen und meist schikanösen Kontrollen zum Menschen zweiter Klasse degradiert.
Wo gab es das, daß man wegen seiner Haut- und Haarfarbe nicht aus dem Haus gehen konnte, ohne Angst zu haben? Südafrika schafft die Apartheid ab, Luschkow führt sie in Moskau ein.

72.

Dezember 1993

Matjusik,
ich bin in Tiflis. Lange habe ich überlegt, ob ich fahren soll, zuviele Journalisten haben in den letzten Monaten an die Schießlust der Georgier glauben müssen. Aber es zog mich einfach zu stark in meine „zweite Heimat", und so bin ich jetzt doch noch einmal für das Fernsehen unterwegs.

Jetzt im Dezember ist immer noch alles grün, Schnee liegt nur in den Bergen. Auf der Fahrt vom Flughafen in die Stadt stechen die endlosen Warteschlangen vor den Brotgeschäften, den „Bulotschnajas", in die Augen. Nachts wärmen sich die Wartenden an Lagerfeuern, die sie auf der Straße errichten. Wenn tatsächlich Brot in ein Geschäft geliefert wird, kommt es ständig zu Handgreiflichkeiten, manchmal auch zu Schießereien.
Ein Polizeiposten hält uns auf, unser Gepäck wird überprüft. Die mitgebrachte Kondensmilch hat es den Ordnungshütern angetan: Zwei Dosen solle man ihnen gefälligst dalassen, meinen sie, bedrohlich mit dem Maschinengewehr winkend. Erst als ich meinen Journalistenausweis zücke, geben sie nach.
Zum ersten Mal sehe ich Nitas Wohnungstür verschlossen. Sie lebt nicht mehr allein in ihrem Museum, ihr Sohn Giwi ist mit Kind und Kegel zu ihr gezogen, und seither bleiben die Gäste aus. Giwi hat seine Wohnung an einen reichen Amerikaner vermietet. Nur so bringt er die Familie über die Runden. Nach der russischen Geldreform wurden in Georgien notgedrungen „Kuponi" als Ersatzwährung gedruckt, weil man aus Moskau kein Bares mehr bekam. Seitdem ging es unaufhaltsam bergab. 80000 Kuponi im Monat, knapp einen Dollar, verdient Giwi, als Kardiologe und Spezialist für Herzschrittmacher. Die kann sich Georgien heute nicht mehr leisten: Und so fährt Giwi nur noch einmal im Monat zur Arbeit, „um nicht in Vergessenheit zu geraten und den Lohn abzuholen": Fast zwei Stunden braucht er für den Weg ins Krankenhaus, zu Fuß durch die ganze Stadt, weil weder Metro noch Busse fahren. Ein Liter Benzin kostet 40000 Kuponi, einen halben Monatslohn, und so bleibt Giwi notgedrungen zu Hause.
 Nita verdient als Museumsdirektorin 60000 Kuponi. Vier Eier könnte sie sich davon kaufen, wenn sie das Geld denn wirklich bekommen würde: Seit zwei Monaten wartet Nita vergeblich, daß ihr die klamme Museumsverwaltung das Geld

ins Haus bringt. Und doch verköstigt sie mich nach Kräften, bevor sie mich schweren Herzens zu Nikolai ziehen läßt, dem sie mich diesmal „ausnahmsweise abgetreten" hat, weil einfach kein Platz mehr ist im Museum.
Nikolai hatte ich vor etlichen Jahren in Deutschland bei einem Kinofestival kennengelernt, zu einer Zeit, als ich zwar schon leidlich russisch sprach, aber mich noch schwer tat, zwischen Georgien (auf russisch „Grusija") und Kirgisien („Kirgisija") zu unterscheiden. Während all die anderen Regisseure damals ständig in Kaufhäusern unterwegs waren und Preise verglichen, ließ der Dokumentarfilmer Nikolai sein Geld in Cafés und Biergärten. Seitdem mögen wir uns.
Nikolai gehört zu jener Spezies, die nur im Sozialismus gedeihen konnte und die jetzt vom Aussterben bedroht ist: Geld und Besitz sind ihm einerlei. Obwohl er als Vorsitzender des Filmverbandes Anspruch hatte auf ein billiges Auto, auf einen Videorecorder und all das, wovon das Herz des gewöhnlichen Sowjetbürgers höher schlug, lebt er seit jeher spartanisch und einfach. Statt wie die meisten „Amtsinhaber" seine Pfründe zu mehren und nach Nebeneinkünften zu schielen, verausgabte Nikolai, mit seinen 47 Jahren immer noch eingefleischter Junggeselle, sein mageres Gehalt zeitlebens für Tee, Brot und Zigaretten und wollte nur in Ruhe gelassen werden. Allein für einen Menschen wie ihn mußte man dieses Land lieben.
Als ich ankomme, öffnet Nikolai, der inzwischen noch magerer ist, als er es ohnehin schon war, den Kühlschrank: Da stehen einsam und unangetastet ein Päckchen Quark, ein großes Stück Schafskäse und eine Flasche Milch. „Bitte!" – strahlt Nikolai.
Die mitgebrachten Lebensmittel will er perdu nicht annehmen: „Gib sie Nita und Surab, die haben sie nötiger. Ich selber kann mich nicht beklagen!" Mit Mühe dränge ich ihm Zigaretten und Tee auf.
Sein Gehalt reicht Nikolai gerade für das tägliche Pfund Brot. Im Gegensatz zu den meisten anderen hat er keinerlei

„Schwarzeinkünfte". Nur das Geld, das ihm sein Bruder, auch der ist Regisseur, aus Moskau schickt, hält Nikolai über Wasser. Nicht einmal bei unseren Aufnahmen möchte er etwas verdienen, obwohl ich ihm das Geld förmlich aufdränge: „Ich nehme nichts dafür", weist er mich wortkarg wie immer ab. Mit einem breiten, ruhigen Lächeln zündet er sich eine Zigarette an. Bei Kerzenlicht – es gibt keinen Strom – sitzen wir, frierend – es gibt keine Heizung – am Wohnzimmertisch. Einst hatte Stalin hier Trinkreden gehalten. Nikolais Großvater war Parteichef der „Transkaukasischen Republik", schon zur Zarenzeit ein Freund Stalins. Zum Diktator geworden, ließ der seinen alten Genossen jedoch erschießen und die Tochter – deren Mann er ebenfalls erschießen ließ – nach Kasachstan verbannen.
Die Witwe von Ordshonikidse, der man „ehrenhalber" ihre Wohnung im Kreml ließ, nachdem ihr Mann, georgischer Revolutionär und Politbüromitglied, auf Drängen Stalins Selbstmord verübt hatte, half weiter: Nach dem Tod des Tyrannen nahm sie Nikolais Mutter, die inzwischen wieder geheiratet hatte, mitsamt Familie bei sich im Kreml auf. Noch heute erinnert sich Nikolai an seine damaligen Nachbarn, darunter Chruschtschow, Molotow, Kaganowitsch, Berija und wohl auch ein gewisser Breshnew.
Mit zehn Jahren kam Nikolai, in der kasachstanischen Verbannung geboren, zum ersten Mal nach Georgien und sprach nur russisch. Mühsam lernte er gemeinsam mit seinem russischen Vater seine „Muttersprache". Als die Familie endgültig rehabilitiert war, durfte er studieren. Seit die Eltern Anfang der 80er Jahre gestorben sind, lebt er allein.
Sein Freund Surab Schwazabaja, der Professor und Rektor, hat es mit seiner Familie noch schwerer, nicht zuletzt, weil er im Gegensatz zu Nikolai früher immer aus dem vollen geschöpft hat. Mit zwei Autos, zwei Wohnungen, Staatsdatscha und Passagierschein für die Spezialgeschäfte des Ministerrates lebte Surab bis vor ein paar Jahren, wie er selbst sagt, „wie im Garten Eden." Heute hält er sich und seine

Familie mit Notverkäufen über Wasser und schwärmt in einem fort von der guten alten Zeit.
Nach einer halben Stunde bei Surab weiß man über letztere in- und auswendig Bescheid. Seit sein Vater vor zwei Monaten gestorben ist, kommt Surab nicht mehr zur Ruhe: Die Tradition verlangt es, daß er seinem Vater, einem bekannten Wissenschaftler, ein stadesgemäßes Marmorgrab bauen läßt. Ein Lastwagen für den Marmor muß aufgetrieben werden, dazu das Benzin für die 300 Kilometer bis zum Steinbruch und eine bewaffnete Begleitmannschaft, die den Lastwagen unterwegs beschützt. Handwerker und Steinmetze wollen ebenso bezahlt sein wie die Friedhofsverwaltung. Vier bis fünf Millionen Rubel, so schätzt Surab und greift sich erschrocken ins lichte Haar, wird das Ganze kosten, 3 000 Dollar, das sind beinahe 60 Jahresgehälter. Surab wird sich wohl von seinen Autos trennen müssen.
Jetzt arbeitet er aber erst einmal mit uns als „Producer", die Wissenschaft hat ihn für zwei Wochen zu entbehren. Und da er die halbe Stadt kennt und die andere Hälfte zu seiner Verwandtschaft zählt, kommen wir mit ihm bestens voran.
Sofern wir nicht zu Fuß unterwegs sind. Die überall entgegenkommenden Bekannten und Vettern fordern dann nämlich ihren Tribut: Allesamt wollen sie begrüßt, umarmt und über die gute alte Zeit aufgeklärt sein.
Seit unser „Team" angekommen ist, läßt mir die Arbeit kaum noch Zeit für meine Freunde, von früh bis spät sind wir unterwegs. Wir drehen im Krankenhaus, Kinder, die seit Wochen mit Kriegsverletzungen im Koma liegen und ihre weinenden Mütter, Krieger, die wohl noch vor ein paar Stunden stolz an irgendeiner Straßenkreuzung ihre Kalaschnikow schwenkten und jetzt hilflos und elend mit dem Tod kämpfen. Die übermüdeten Ärzte nötigen mir Achtung ab. Sie kämpfen um Leben in einer Zeit des Tötens. Sie sind auf verlorenem Posten und sich dessen bewußt.
Wir fahren in den Zoo, wo die Hälfte der Tiere an Unterernährung gestorben ist, sind zu Gast auf einer Hochzeit, bei

der alles im Überfluß auf dem Tisch steht, und erleben im Hotel „Iberia" den krassen Kontrast: Hier, wo ich noch vor drei Jahren wohnte, als wir mit der Jugend-Ausstellung in Tiflis waren, leben inzwischen Flüchtlinge aus Abchasien zu viert und zu fünft in den engen Zwei-Bett-Zimmern. Das Mittagessen wird verteilt: Zwei Schöpflöffel „Borschtsch" – Fleischsuppe ohne Fleischeinlage" und ein paar Scheiben Brot. „Und selbst das", erklärt man uns, „könne man nur mit Mühe auftreiben."
250 000 tausend Flüchtlinge kamen nach Georgien, seit man im September den Abchasien-Krieg verloren hat. Ein Teil von ihnen war auf der Flucht tagelang in den Bergen unterwegs. In Tiflis treffen wir Dato, den Sanatoriumsdirektor aus Borschomi mit der Vorliebe für die Privatdiskothek: Statt Kurgäste sind heute Flüchtlinge bei ihm einquartiert. Es gibt weder Wasser noch Heizung im Sanatorium, und auch der Strom fällt oft taglang aus. „Der gottverdammte Krieg", meint Dato bitter. Nach Tiflis ist er gekommen, um endlich vom Staat das „Kopfgeld" für die Einquartierten zu bekommen: Das Essen für die Flüchtlinge zahlt das Personal zum Teil aus der eigenen Tasche: „Aber die ist auch so gut wie leer", klagt Dato und zieht zur Bestätigung seine Hosentasche ans Tageslicht.
Auch das berühmte Mineralwasser aus Borschomi gibt es nicht mehr. Vor einem Jahr wurde die Flaschenabfüllanlage für einen Spottpreis privatisiert. Der neue Besitzer aber war im Handumdrehen verschwunden – mitsamt der Anlage. Seither versickert das Wasser – früher Deviseneinnahmequelle – ungenutzt im Boden. Für eine neue Abfüllanlage fehlt das Geld.
Wir sind zu Gast bei General Nikolaischwili, dem Chef des Generalstabes. Obwohl wir unangemeldet kamen, fand er reichlich Zeit für uns. Schließlich versprach er, uns per Flugzeug an die Front zu schicken: „Hier lüge ich Ihnen etwas vor, dort nehmen Sie die Abchasen gefangen und lügen Ihnen dort etwas vor!" Der General ist ein Scherzkeks: „Ich

laß Ihnen die nötigen Dokumente schon ausstellen, aber wenn Sie in die Hände vom Feind geraten, dann essen Sie die lieber auf!"
Nikolaischwili beauftragt seinen Adjudanten, einen schneidigen Oberleutnant, uns ein Flugzeug zu besorgen. Als wir uns vom General verabschiedet hatten, klagte der Adjudant sein Leid: Er sei erst seit einem Monat im Dienst und kenne sich nicht aus, ob wir es denn nicht selbst versuchen wollten. Schulterzuckend deutete er auf die gewaltige Fernsprechanlage. Surab machte sich ans Werk. Eine halbe Stunde saß er an den Schalthebeln des georgischen Generalstabs. Der Adjudant war verschwunden, die georgische Armee in Surabs Händen. Ein Flugzeug jedoch konnten wir nicht auftreiben, und auch ein Anruf von General Nikolaischwili höchstpersönlich konnte am Fliegerhorst nichts ausrichten. So blieb uns nur der Landweg Richtung Westen, von dem der General abgeraten hatte: „Da wird geplündert und geraubt!" Trotzdem machten wir uns mit Surabs Wolga auf den Weg. Auf der Paßstraße machen wir kurz halt. Eine Bäuerin aus dem nahgelegenen Dorf kommt uns mit einem Tablett voller Früchte, frisch gekochter Roter Beete und einer Flasche Wodka entgegen. „Der Nachtisch", scherzen wir. Doch die Beste kommt tatsächlich zu uns herüber und stellt uns all die Gaben auf die Kühlerhauben: „Gaumatschos! Wohl bekomm's!" Es verschlägt uns die Sprache. Die Bäuerin lädt uns auf einen Braten ins Haus, aber wir müssen weiter, solange es hell ist. „Dann versprecht mir, auf dem Rückweg vorbeizuschauen!" Wir schließen sie fest ins Herz.
Tatsächlich kommen wir vor Einbruch der Dunkelheit in Kutaisi an, der zweitgrößten Stadt Georgiens, 250 Kilometer von Tiflis entfernt.
Wir machen es uns im örtlichen Hotel bequem: Fünf Zimmer sind für „gewöhnliche" Gäste reserviert, in allen anderen sind Flüchtlinge untergebracht. Es gibt kein Wasser, keine Heizung, keinen Strom und keine Stühle. Beim Schein der Kameralampe essen wir stehend zu Abend: Irgendwo in der

stockdunklen Stadt haben wir einen Laib Brot aufgetrieben, eine Dose Bohnen und eine Flasche Wodka. Ein Abend, der uns lange in Erinnerung bleiben wird. Nachts holt uns ein Schußwechsel aus dem Schlaf: „Eine Panzerkanone", meint Viktor, unser Tontechniker mit Armeerfahrung. Gut zehn Minuten wird geschossen, in nächster Nähe. Kurz darauf sind Sirenen zu hören. Ich verkrieche mich unter der Bettdecke und friere.
Am nächsten Morgen hatte Surab seine örtlichen Verwandten ausgemacht. Unsere Versorgungsprobleme waren damit gelöst. Am Nachmittag kommt eine französische Ministerin mitsamt Delegation nach Kutaisi. Gegen Abend soll sie weiterfliegen nach Sugdidi – an die Front – und wir mit ihr. Im Regierungskonvoi fahren wir zum Flughafen. Doch die Ministerin geht schnurstracks am bereitstehenden Hubschrauber vorbei in Richtung Flugzeug. Beim herzerweichenden Anblick des verrosteten Helikopters hatte es sich Madame wohl anders überlegt und darauf bestanden, ohne Umwege nach Tiflis zurückzufliegen.
Die enttäuschten Hubschrauberpiloten drehten für uns eine Ehrenrunde. Im Tiefflug mit offener Tür über Kutaisi – es war ein einschneidendes Erlebnis.
Ich muß Schluß machen, es wird dunkel, und es gibt immer noch keinen Strom in der Stadt. Wie gut habe ich es, ich werde morgen in Tiflis und in einer Woche wieder in Moskau sein. Die Flüchtlinge dagegen werden es noch eine halbe Ewigkeit hier aushalten müssen, ohne Wasser, Strom, Heizung und Geld, ohne Perspektive und ohne Hoffnung. Oh Gott!
Ich denke an Beso, Thomas' Trinkgefährten, den Physiker aus Suchumi. Auch ihm ist die Flucht sicher nicht erspart geblieben! Wenn er noch am Leben ist. Seit einem Jahr haben wir keine Nachricht mehr von ihm und seiner Familie.

73.

Dezember 1993

Matjusik,
die Wahlergebnisse in Rußland sind bekannt: Shirinowski und seine Faschisten die stärkste Partei, mit einem Viertel der Stimmen. Da kann man sich nicht einmal über die Niederlage von Jegor Gaidar freuen. Vorsichtshalber erließ die Wahlkommission mitten in der Nacht eine Nachrichtensperre. Die Zeiten der Glasnost sind vorüber.
Hier in Tiflis herrscht helle Aufregung. Shirinowski ist ein ausgemachter Georgien-Feind. Wie alle anderen GUS-Staaten will er auch Tiflis „heim ins Reich" holen – ebenso wie das Baltikum, Finnland und Alaska.
Im Kreml wird eilig Entsetzen geheuchelt. Dabei hat Shirinowski seinen Wahlerfolg nicht zuletzt dem Präsidenten zu verdanken: Indem er den Obersten Sowjet auflöste und die führenden Oppositionspolitiker einsperren ließ, hat Jelzin erst das Vakuum geschaffen, in dem die Sumpfpflanze Shirinowski gedeien konnte. Außer den verhaßten Kommunisten, der Agrarpartei und ein paar Splittergruppen gab es keine ernstzunehmende demokratische Kraft, die sich wirklich als Opposition gegen die Regierenden profilieren konnte – und nicht nur als Konkurrenz im Postenschacher.
Und so gingen viele der Reform-Opfer – und die machen die Mehrzahl der Russen aus – Shirinowski und seinen stupiden Parolen auf den Leim.
Mit ihrem Machthunger, ihrer Arroganz und ihrer Taubheit für die Nöte der Menschen haben Jelzin und sein allmächtiger Apparat dem Faschismus ganz entscheidende Hilfestellung geleistet und das Land an den Rand einer Katastrophe manövriert. Wird Jelzin jetzt zum Hindenburg Rußlands? Oder zieht er rechtzeitig die Notbremse und errichtet selbst ein autoritäres Regime als „das kleinere Übel"? Und wer würde das nicht in Kauf nehmen, wenn es darum ginge, einen Präsidenten Shirinowski zu verhindern? Kommt der

Erfolg der Faschisten den Herren im Kreml am Ende gar nicht so ungelegen?
Es wird mir schwarz vor Augen, wenn ich an die Zukunft denke. Wird Rußland all das, was wir heute hier in Georgien sehen, erspart bleiben?
Wir waren bei Schewardnadse. Die Schwiegermutter von Surab, bei dem unser Team in Pension ist, war als sowjetische Komsomolvorsitzende und Erziehungsministerin anno dazumal die Chefin des heutigen Staatschefs, was stärker wiegt als sein ausgefüllter Terminkalender.
Der große alte Mann wirkt müde und abgekämpft. Drei Stunden warteten wir in seinem Arbeitskabinett, bis ihn der Ministerrat endlich zu uns ließ. Der Staatschef ist noch viel charismatischer, als es am Fernsehschirm scheint. Ich verstehe mit einem Mal, warum die Mächtigen dieser Welt seinem Charme regelrecht erlagen.
Schewardnadse ist ausgesprochen vorsichtig, wägt jedes Wort sorgfältig ab und sagt eigentlich sehr wenig, wie man es von einem Diplomaten zu erwarten hatte. Das Wahlergebnis in Rußland, erklärt er, käme nicht unerwartet für ihn. Eine Tragödie sehe er darin nicht.
Sein größter Wunsch? Abchasien wieder zu einem Bestandteil Georgiens zu machen. So sehr wir darauf warteten, die Worte „ohne Blutvergießen" und „mit friedlichen Mitteln" brachte Schewardnadse dabei nicht über die Lippen.
Der Außenminister von einst steht heute zwischen allen Fronten. Weder auf die Armee noch auf die Miliz kann er sich verlassen. Unzählige bewaffnete Banden treiben überall ihr Unwesen, teilweise legal, teilweise illegal. Den früheren Schwerverbrecher Dschaba Ioseljani, der 20 Jahre einsaß, mußte Schewardnadse zum Chef des „Komitees für den Ausnahmezustand" ernennen: Ioseljanis Kampfbund „Mchendrioni" ist derart stark, daß kein Weg an ihm vorbeiführt.
Und so wachen die Mchendrioni-Kämpfer, durch Plünderungen und Überfälle immer wieder in die Schlagzeilen geraten, heute über Recht und Ordnung in Tiflis. Und sie beschützen

Schewardnadse vor der regulären Armee: Der Verteidigungsminister gilt als Gegenspieler des Oberkommandierenden und läßt schon mal gelegentlich Panzer in der Stadt aufrollen, wenn er mit der Regierungspolitik nicht einverstanden ist.
Wir verabschieden uns. Fast hat es den Anschein, als sei es Schewardnadse peinlich, ständig in Eile zu sein: „Den Kaffee müssen wir aber noch austrinken!"
Ein Ausspruch kommt mir in den Sinn, den mir einer seiner hohen Beamten anvertraut hat: „Schewardnadse ist ein Glücksfall für Georgien. Aber unsere Politiker haben ihn gar nicht verdient, er tut sich schwer mit ihnen. Eduard Ambrosewitsch geht es wie einer Perle, die man vor die Säue wirft."
Morgen früh fliegen wir zurück nach Moskau!

74.

Januar 1994

Matjusik,
mein Gott, es darf alles nicht wahr sein, Matjusik, es darf einfach nicht!
Andrej ist tot! Andrej! Er hat sich umgebracht! Gestern haben sie ihn gefunden, erstickt, in seiner Garage, Andrej!

75.

Januar 1994

Matjusik,
alles steht Kopf! Anna ist nicht mehr bei mir! Sie ist bei Dima, ihrem Freund, und ich selber habe sie gehenlassen. Ich durfte sie nicht halten.
Vor zwei Wochen hatte er angerufen, die Mafia sei hinter

ihm her. Und jetzt ist sie bei ihm. Welcher Teufel hat mich
geritten, daß ich es ihr erlaubt habe! Selber habe ich sie zu
ihm geschickt: „Er braucht dich jetzt nötiger als ich!"
Ich konnte nicht anders.
Leb' wohl Matjusik!

76.

Januar 1994

Matjusik, mein guter, mein lieber Matjusik,
ich schreibe Dir heute zum letzten Mal.
Anna ist bei ihm geblieben. Er will sie mit nach Amerika nehmen, er ist immer noch auf der Flucht. Sie haben ihm Geld
geliehen und es ihm dann gestohlen. Und jetzt erpressen sie
ihn, er soll alles „zurückzahlen". Verflucht, wozu hat er sich
auf dieses Spiel mit dem Teufel eingelassen! Vielleicht würde
er mir sogar gefallen, wenn ich ihn kennen würde, meint
Anna. Sie sagt, wir seien uns sehr ähnlich. Und sie sagt, daß
sie mich liebt.
Wozu das alles?
In all den drei Jahren habe ich keinen einzigen Brief von Dir
bekommen, Matjusik! Nicht ein einziges Mal hast Du mir
geantwortet! Da mußt Du es doch verstehen, wenn ich Dir
nun nicht mehr schreiben werde!
Vor fünf Tagen war ich das letzte Mal in unserer Wohnung.
Und da war nichts mehr, was mich hielt. Ich glaube nicht,
daß sie mit ihm nach Amerika will, sie wollte nie weg aus
Moskau. Sie liebt ihn einfach, aber es kann nicht sein, daß
sie weg will!
Nein, Matjusik, ich glaube immer noch daran, daß es Dich
gibt! Ich hätte Dir all die Briefe einfach schicken sollen! Du
hättest mir geantwortet, ich bin mir sicher!
Glaub' nur nicht, daß Du mir helfen mußt. Isch's Container

ist geräumig! Ich habe viele neue Freunde gefunden. Den ganzen Tag sind wir zusammen. Auf dem Bahnhof und unter den Brücken. Sie sind echt. Echter als all das, was sich „oben" abspielt. Und nur der Isch hält mich noch fest. Ich werde ihn Anna geben. Und ich werde frei sein! Ich werde mich zugrunde richten, aber ich werde leben!
Und nie werde ich einen besseren Freund finden als Dich, Matjusik! Ich wußte es schon damals, als Du mir eingefallen bist!
Anna wird nicht nach Amerika fahren! Sie wird hierbleiben. Und sie wird zu mir kommen!
Und wenn Du wirklich einmal nach Moskau kommst, dann sei' so lieb, komm' auch zu mir! Du wirst mich überall finden!

„Zu Studienzwecken" kam Boris Reit-Schuster 1990 nach Moskau: Heute lebt er – „in den Bann dieser Metropole geraten" – nach einem kurzen Intermezzo als Fernsehjournalist als freier Autor in der russischen Hauptstadt. Mit seinen unkonventionellen Ansichten eckt er immer wieder an – so zuletzt während Jelzins „Staatsstreich" im Oktober 93: Reit-Schusters Mahnungen wurden nicht gehört und nicht gedruckt – bis selbst die anfänglichen Beschöniger nicht mehr umhinkamen, die Dinge beim Namen zu nennen.